O ATO DE LER

EDITORA AFILIADA

Dados Internacionais de Catalogação na Publicação (CIP)
(Câmara Brasileira do Livro, SP, Brasil)

Silva, Ezequiel Theodoro da
O ato de ler : fundamentos psicológicos para uma nova pedagogia da leitura / Ezequiel Theodoro da Silva. – 11. ed. – São Paulo : Cortez, 2011.

Bibliografia.
ISBN 978-85-249-1719-6

1. Hábito de leitura 2. Leitura 3. Leitura — Estudo e ensino 4. Psicologia educacional I. Título.

11-03255 CDD-028.5

Índices para catálogo sistemático:

1. Pedagogia da leitura : Fundamentos psicológicos 028.5

Ezequiel Theodoro da Silva

O ATO DE LER

fundamentos psicológicos para uma nova Pedagogia da Leitura

11ª edição
2ª reimpressão

O ATO DE LER: fundamentos psicológicos para uma nova Pedagogia da Leitura
Ezequiel Theodoro da Silva

Capa: Cia. de Desenho
Revisão: Ana Paula Luccisano
Composição: Linea Editora Ltda.
Coordenação editorial: Danilo A. Q. Morales

Direitos para esta edição
CORTEZ EDITORA
Rua Monte Alegre, 1074 – Perdizes
05014-001 – São Paulo – SP
Tel.: (11) 3864-0111 Fax: (11) 3864-4290
E-mail: cortez@cortezeditora.com.br
www.cortezeditora.com.br

Impresso no Brasil – fevereiro de 2020

Ao professor Joel Martins um mestre que, na orientação, mostra... e que sabe ler o mais difícil objeto da leitura: o próprio ser humano.

"'Leitura' é um tópico bastante vago, envolvido por uma densa névoa de mística e mitologia pedagógicas. Geralmente se confunde a aprendizagem da leitura com o ensino da leitura — os livros que tratam da 'leitura' ou da 'psicologia da leitura' nada mais são do que tratados de dogmas instrucionais."

Frank Smith, *A política da ignorância*

Sumário

Introdução

Buscar um significado mais profundo e profícuo para a leitura: eis a meta fundamental desta obra. Uma resposta para a pergunta "O que é ler?" envolve um trajeto de investigação cuidadoso e lento pois exige uma série de reflexões de caráter interdisciplinar. Exige ainda, caso queira sustentar e orientar novas propostas pedagógicas, um desvio dos dogmas importados (em Psicologia existe muito disso...) e um quase desprezo por teorias superficiais.

No Brasil, as preocupações sobre a ciência da leitura vão assim ao sabor de solavancos e supetões. É moda recorrente falar, de quando em quando, que o brasileiro não lê, que as bibliotecas tornam-se espaços inúteis por falta de leitores, que a televisão é uma ameaça à sobrevivência da leitura, que a escola não está ensinando o aluno a ler, que o mercado do livro cai dia a dia etc... As críticas às vezes até redundantes são inversamente proporcionais às ações corretivas. Quando surge alguma tentativa de mudar a situação (que é de crise, sem dúvida), peca-se pela inexistência de dados para fundamentar uma prática mais consequente e transformadora. *E o Estado parece desdenhar as críticas, sorrindo cum a estagnação do livro... e tudo continua na mesma, na área da leitura. Afinal, leitura ou "lei dura"?*

Há muito tempo venho afirmando que o conhecimento chega às escolas através do material impresso. Não nego a importância e validade de outros veículos (televisão, rádio, cinema etc..) para a circulação de dados culturais, porém as próprias condições de nossas escolas fazem com que o livro (ou similar) continue a ser o instrumento mais utilizado em sala de aula. *Daí a necessidade de uma visão mais coerente sobre o ato de ler por parte daqueles envolvidos com a educação do povo; daí a necessidade da formação de leitores que saibam trabalhar criticamente o material escrito.*

O discurso sobre a leitura realizada pelo povo brasileiro ainda está em estado placentário, esperando por um maior número de contribuições (pesquisas) a fim de se desenvolver. Em verdade, a bibliografia específica é irrisória, os interessados são poucos, os dados objetivos são quase que inexistentes. Talvez seja por estes mesmos motivos que o ensino da leitura vem seguindo os ditames do acaso (e descaso) ou simplesmente recopiando os modelos de orientação, provindos do exterior. As diversas críticas apontam uma insatisfação visível em torno da crise da leitura, daqui por diante é necessário que um maior número de investigadores comece a estudar mais sistematicamente o problema. Sem teorias específicas, porém, continuaremos no processo de ensaio-e-erro (com índice maior de erros...), contribuindo para com o decreto de morte da leitura e para com a completa elitização do livro no território nacional.

Esta obra, nascida de minha tese de doutoramento, é um primeiro passo em direção a uma teoria da leitura. Tento penetrar mais profundamente nos horizontes de minha preocupação básica — a natureza do ato de ler —, detectando e sistematizando alguns aspectos primordiais da leitura. Não se trata de um receituário metodológico para o encaminhamento do ato de ler, pois isso seria descrever o "como" sem fundamentá-lo com os "porquês." Uma metodologia mais coerente para a orientação da leitura deve encontrar suas bases numa psicologia e filosofia. *Foi exatamente a busca dos fundamentos psicológicos e filosóficos da leitura que me levou a concretizar a presente obra. Sem dúvida que as ideias aqui propostas podem levar ao delineamento de melhores esquemas de ação para o ensino-aprendizagem da leitura.*

Gostaria de caracterizar o destinatário deste livro como sendo principalmente o professor. *Parece-me que os cursos de licenciatura (com exceção dos super-recentes programas de literatura infantojuvenil)* tocam por cima *a problematica relacionada com o ensino da leitura, gerando despreparo e lacunas na formação dos professores. Os chamados "guias curriculares" também deixam muito a desejar, resumindo o tópico "leitura" para cinco ou seis habilidades de compreensão. Em sala de aula, diante de seus alunos, o professor tem de fabricar os malabarismos mais escabrosos a fim de desempenhar o seu papel de orientador de leitura. Nesse sentido, as ideias contidas nesta obra,* se lidas, discutidas e transformadas, *podem ajudar na atualização do professor, principalmente naqueles aspectos relacionados com a facilitação da aprendizagem da leitura.*

Outro destinatário importante é o bibliotecário. *Geralmente este profissional é um exímio conhecedor dos labirintos da catalogação, das leis que regem a instalação de bibliotecas em nossas cidades, das normas e fichas de empréstimo, mas de* leitura *mesmo, salvo exceções, parece entender muito pouco. Os serviços bibliotecários não podem ser reduzidos a "tombar, tirar e pôr livros na prateleira" e nem a simplesmente controlar a data de entrega dos livros emprestados; as funções do bibliotecário não podem transformar-se em automatismos rotineiros e inconsequentes. O bibliotecário escolar deve ter como função, além de outras, preparar programas de incentivo à leitura, juntamente com professores, orientadores e supervisores. Esta obra, por fincar as vidas-mestras de uma teoria da leitura, pode também contribuir para uma revisão da biblioteconomia e, portanto, para uma melhor formação dos bibliotecários.*

Minha principal expectativa ao publicar este livro é gerar um número maior de inquietações em torno da leitura no território nacional. *Nestes dez últimos anos, venho batalhando a favor de centros, laboratórios, clínicas, associações e congressos de leitura — tudo isso na tentativa de recuperar o* tempo perdido *e de colocar o valor do livro e da leitura no seu devido lugar. O que fazer é volumoso e exige a participação de muitos — quem sabe esta obra seja propulsora da consciência da necessidade...*

Campinas, 1980

EZEQUIEL THEODORO DA SILVA

Prefácio

O autor deste livro fez da leitura o objeto de seus estudos. Bacharelou-se em língua inglesa — o que muito o auxiliou a sentir a dificuldade que ideias como compreensão e interpretação criam para os pesquisadores interessados em leitura. Seu mestrado, feito nos Estados Unidos, mostrou-lhe um caminho pronto a seguir (em pesquisa e método), que situa a leitura como processo de decodificação dos símbolos. Nessa linha, trabalhou durante algum tempo até que a compreensão e a interpretação foram tematizadas pelo autor insatisfeito com as explicações disponíveis.

* * *

Leitura sempre foi um tema de preocupação para psicólogos e educadores. Os processos mentais subjacentes à leitura foram considerados complexos demais para serem estudados de forma simples. Os especialistas continuaram sua inquietação e um grande progresso na pesquisa metodológica vigente, que tenta identificar a natureza desses processos mentais, seu funcionamento e os fatores que influenciam seu desenvolvimento, se produziu com grande ímpeto.

Inicialmente, preocuparam-se os psicólogos com a percepção de palavras. "Percepção", para estes psicólogos, referia-se ao reconhecimento de palavras. As condições essenciais para esse reconhecimento eram o ajustamento da atenção aos símbolos impressos, discriminação visual adequada para poder distinguir uma palavra de outra e o surgimento das associações que resultavam no reconhecimento dos significados.

As pesquisas orientadas para o reconhecimento das palavras indicam que entre os bons leitores a forma total das palavras, assim como suas partes ou pormenores, atuam diretamente nesse processo. Dessa forma, a crença é de que, no caso da leitura fluente, a forma geral e o contorno de uma palavra constituem bom índice visual para o seu reconhecimento. O contexto no qual a palavra se situa equilibra o reconhecimento unitário e o reconhecimento das letras é feito a partir das palavras conhecidas. No caso das palavras novas, o reconhecimento das letras pode não se produzir, ou completar-se, antes que se verifique o reconhecimento da palavra como um todo. É evidente, portanto, para os pesquisadores em leitura, que o processo se dá a partir de frases para as palavras e finalmente para as letras. Outros pesquisadores indicam que, na maioria dos casos, é a forma de uma palavra que constitui o índice para o seu reconhecimento. Todavia, em condições desfavoráveis, ou quando as palavras são desconhecidas ou difíceis, torna-se necessário o surgimento de índices mais adequados; isto quer dizer que as partes das palavras devem tornar-se visiveis. A forma da palavra e os seus característicos diferenciadores são condições importantes para o seu reconhecimento. As pesquisas indicam quatro passos ou estágios no reconhecimento de palavras: 1. contorno vagamente percebido; 2. partes específicas ou dominantes; 3. imagem auditiva estimuladora ou imagem kinestésica e 4. surgimento do significado.

Estes passos ou estágios estão presentes em qualquer situação normal de leitura. Inicialmente as crianças reconhecem as formas visuais como "todos" de forma imprecisa; porém, gradualmente, melhoram esta visão e vão se dirigindo para os pormenores. As crianças são, ainda, mais influenciadas do que os adultos, pelas partes mais visíveis das palavras. A medida que a familiaridade com as palavras aumenta, deverá diminuir a intensidade de atenção consciente para os pormenores das palavras.

As pesquisas indicam ainda que as crianças que apresentam dificuldades em linguagem têm, também, maior dificuldade para diferenciar figura e fundo e, consequentemente, dificuldade em reconhecer e reproduzir os pormenores dimensionais e organizacionais que constituem a coerência estrutural da forma. Esta força na coerência da forma (na organização, na estrutura) é determinada pelas exigências de reconhecimento nas ocasiões específicas. Introduz-se, então, nas explicações produzidas pela pesquisa, a importância da experiência passada na organização da percepção.

Os primeiros experimentos conduzidos em laboratórios, nos Estados Unidos, indicam que uma visão clara das palavras não ocorre durante os movimentos oculares de interfixação e que a percepção só se realiza durante as pausas dos movimentos oculares. Mais tarde concluem os experimentadores que a visão clara e distinta só é possível quando a imagem ótica dos objetos se projetar, estacionariamente, na retina. Como os movimentos oculares resultam em imagens e em movimentos, as impressões recebidas são opacas. Isto só pode ser evitado se a retina mantiver um mesmo equilíbrio rítmico com os objetos em movimento ou vice-versa.

Continuando os estudos referentes à leitura, os psicólogos experimentais mostram que há uma grande relação entre a amplitude e precisão de uma frase, que deve ser reconhecida, e a eficiência na leitura. Isto quer dizer que quanto mais ampla e quanto mais precisamente forem estas frases reconhecidas, melhor é o leitor. A quantidade percebida em cada fixação dos olhos foi medida através da determinação da quantidade máxima de reconhecimento de um leitor numa visada ocular. Esta técnica é denominada amplitude da percepção. Uma segunda técnica é o cálculo do número médio de palavras ou letras reconhecidas em cada fixação dos olhos, detectadas por meio de registros fotográficos dos movimentos oculares na leitura. Esta técnica é denominada amplitude de reconhecimento.

Além do reconhecimento (como uma forma de percepção de palavras), os pesquisadores interessaram-se, também, pela rapidez de percepção como uma área de pesquisa em leitura. A medida comum usada para a rapidez de percepção foi a duração das pausas de fixação. As pesquisas indicam que a duração média das pausas localiza-se aproximadamente acima de três décimos de segundo na leitura silenciosa e abaixo de quatro décimos de segundo para a leitura oral. Considerando-se a ampla variação individual, a duração das pausas de fixação está um pouco abaixo da média nos adultos do que nas crianças.

Vários fatores influenciam não só a amplitude de percepção como também a sua rapidez: a hipermetropia, a exoforia e os campos visuais restritos reduzem muito a rapidez de percepção. Um estudo usando a análise fatorial indica os seguintes fatores como sendo importantes na rapidez da percepção: 1. o tempo de reação do leitor; 2. o tempo de julgamento do leitor (prontidão com que faz as suas escolhas); 3. rapidez e intensidade do fechamento (tempo exigido para encontrar os pormenores e completar um percepto, juntamente com a resistência à distração), e 4. capacidade para manipular duas ou mais configurações ao mesmo tempo.

Tem sido também estudada por vários pesquisadores a rapidez para reconhecimento dos itens de leitura. Esta rapidez depende da discriminação e do uso destes itens no passado do leitor. Outros investigadores relatam que a apresentação de palavras longas contrastadas com palavras curtas, que a apresentação de palavras com uma tonalidade emocional e que a apresentação de palavras não conhecidas, juntamente com a oscilação da apresentação, reduzem o tempo de percepção das palavras.

Na tentativa de analisar melhor o processo de compreensão daquilo que é lido, os pesquisadores tentaram ainda vários outros recursos metodológicos — a análise dos erros feitos pelos alunos num parágrafo lido foi um primeiro recurso. Os resultados indicam que cada palavra produz um significado correto na leitura eficiente. Para cada elemento de significado foi atribuído um peso correto em comparação a outros e as ideias resultantes foram examinadas e avaliadas como sendo critérios de certeza que satisfaziam a postura mental, o ajustamento ou finalidade com que a leitura era feita. Os pesquisadores sustentam, também, que uma leitura eficiente deve incluir todos os característicos do tipo de "raciocínio" ou de "solução de problemas".

Ao analisar compreensão por meio de análise fatorial os pesquisadores tentam identificar os fatores básicos da compreensão, usando, como ponto de partida, nove habilidades consideradas importantes pelas autoridades em leitura. Os seguintes componentes para compreensão foram identificados: 1. conhecimento das palavras; 2. raciocínio na leitura (inclusive capacidade para inferir significados e para relacionar várias proposições); 3. capacidade para focalizar a atenção em proposições explícitas do autor; 4. capacidade para identificar a intenção do autor, seus propósitos e seus pontos de vista; 5. capacidade para derivar significados novos a partir do contexto; 6. capacidade para identificar proposições detalhadas num trecho; 7. capacidade para seguir a organização de um trecho e identificar os antecedentes que se referem a ele; 8. conhecimento específico dos recursos literários; 9. capacidade para selecionar o principal pensamento de um trecho.

Entrevistas feitas com leitores (considerados bons ou maus) indicam que um leitor de baixo nível dirige sua atenção para os significados superficiais, prestando pouca atenção aos significados implícitos e à avaliação crítica. As respostas dos leitores de alto nível distribuem-se equitativamente em três áreas: 1. movem-se livremente dos específicos para as generalidades; 2. dos significados superficiais e literais para os significados implícitos; 3. indicam uma avaliação do texto.

A natureza, a variedade e a dificuldade dos significados das palavras têm, também, sido estudadas como um aspecto específico da leitura. As pesquisas mostram que cada leitor usa, na interpretação de um texto, os significados que atribuem anteriormente às palavras. Segue-se, então, que a amplitude do significado do vocabulário de um leitor depende da natureza e qualidade de suas experiências prévias. Nem sempre, porém, o leitor pode basear-se nos significados prévios que ele atribui a palavras específicas. Isto se dá porque muitas palavras lidas têm significados diferentes daqueles que o leitor conhece. Resulta, então, que ele precisa buscar algumas vezes, cuidadosamente, o significado correto. A essência desta fase do ato de ler é, então, selecionar e combinar itens relevantes da experiência que estão presentes de forma implícita no texto, nas emoções do autor, no equilíbrio afetivo, nas intenções e no conhecimento anterior do leitor e que pode esclarecer o significado de um texto. Estas fontes de informação, entretanto, nem sempre são adequadas e o leitor precisa lançar mão do dicionário para identificar significados.

Na segunda parte do século os pesquisadores passaram a preocupar-se com a natureza do significado que as palavras possuem. As pesquisas centralizaram-se dessa forma em testes de vocabulário de crianças nas idades entre 6 e 14 anos e tinham como finalidade identificar as diferenças na natureza das respostas. Os resultados indicam que as crianças pequenas respondem a termos usuais e a definições descritivas, ilustrações, repetição e tipos de explicações limitadas. Elas percebem as palavras como expressando ideias concretas. Outras crianças respondem usando sinônimos como explicações mais adequadas e procuram dar maior ênfase aos aspectos abstratos ou classificatórios para o significado das palavras.

O estudo dos significados deu grande importância ao fato de que, para chegar ao significado, é preciso a presença de um tipo de pensamento mais complexo. Isto quer dizer, para os pesquisadores interessados na representação, que cada palavra no parágrafo dirige-se diretamente para a mente dos alunos exigindo uma concentração. A mente deve selecionar, reprimir, amaciar, enfatizar, correlacionar e organizar de acordo com a disposição, com a proposta ou com as exigências feitas sobre essa mente.

Quatro operações estão envolvidas na compreensão dos materiais literários: 1. tradução (que inclui a obtenção de significados literais, linguagem interpretativa e reconhecimento de pronomes); 2. sumário; 3. referência sobre emoções e intenções; 4. relacionamento entre técnica e significado.

Na repetição da análise fatorial, verificou-se a existência de um fator comum, geral, que permeia todas as operações. Dessa forma, a compreensão literária passou a ser vista como sendo uma função geral que tem vários aspectos.

Nas várias discussões sobre compreensão reconheceram os pesquisadores, ainda, que há grande diferença de resultados obtidos, que a descoberta de relacionamentos e a derivação do significado correto são muito importantes. Esta capacidade, assim como o crescimento na estabilidade do significado da palavra e a aceitação por parte do leitor, de uma linguagem convencional, varia com a idade. Há, também, como função da idade, menor confusão entre o significado das palavras e o das sentenças. Mais ainda, os alunos são capazes de atribuir significados a palavras desconhecidas sempre que entendem a sentença como sendo uma estrutura estável e articulada.

À medida que um bom leitor descobre o significado literal de uma passagem, ele se envolve, em vários passos ou processos suplementares, a saber: 1. faz referência; 2. vê implicações; 3. julga validade, qualidade, eficiência ou adequação das ideias apresentadas; 4. compara os pontos de vista de diferentes autores sobre o mesmo problema; 5. aplica as ideias adquiridas a novas situações; 6. soluciona problemas e integra as ideias lidas com experiências prévias de forma que novas intuições, atitudes racionais e melhores padrões de pensamento e de atividade são adquiridos.

Muitos destes aspectos da leitura têm sido denominados de leitura crítica e muitos dos processos envolvidos nestes vários aspectos ocorreram de forma inconsciente e incluíram tanto aspectos cognitivos como afetivos. Muito do que se sabe sobre cognição foi alcançado empiricamente através de observações realizadas na sala de aula ou de análises psicológicas.

O prosseguimento da pesquisa sobre a leitura como processo continuou em direção à introspecção dos leitores.

Três aspectos básicos do processo são postos em evidência: 1. sequência de tensão e relaxamento que acompanham e facilitam a solução de problemas na maioria dos alunos; 2. diferenciação no relacionamento entre figura e fundo que está relacionado com o bom êxito na solução de problemas. Este relacionamento entre figura e fundo evidencia-se através da rapidez no estabelecimento do relacionamento, da intensidade com que se produz (quantidade de pormenores, de detalhes que podem ser projetados, grau de importância dos pormenores); 3. seleção do ponto-chave no enfoque de texto. O leitor inicialmente busca familiarizar-se com o texto, em seguida seleciona um ponto que se projeta como sendo o início, para em seguida procurar delimitar o problema. Este último passo foi sempre característico dos melhores leitores.

Outro aspecto importante, que tem merecido a atenção dos pesquisadores, são os fatores não cognitivos que funcionam na interpretação, como, por exemplo, o *status* emocional, atitudes profundas, interesse dominante e estrutura da personalidade.

O principal objetivo da pesquisa conduzida em leitura tem sido chegar a uma compreensão melhor das suas condições básicas, seus correlatos principais e as tendências que se verificam no desenvolvimento humano.

O grande volume de projetos de pesquisa e experimentos realizados com crianças ou com adultos mostram apenas o estágio inicial, de compreensão do processo envolvido na leitura e podem ser concentrados em três grandes grupos que indicam as tendências dominantes:

1. Pesquisas que consideram a leitura como sendo a resultante da percepção da forma das palavras e de seus significados. Estas pesquisas procuram explicar como as palavras são percebidas quando expostas em intervalos curtos de duração. O método usado é em geral a introspecção. As pesquisas incluídas nestes grupos concentram-se no comportamento de percepção de palavra, e prestam grande atenção ao número, localização e duração das pausas de fixação que permitem analisar a percepção em função da idade, maturidade, finalidades da leitura e natureza do conteúdo lido. Em nenhum momento os componentes do ato de ler, identificados e propostos pelas pesquisas, tornam-se visíveis. Permanecem todos eles como proposições lógicas e explicativas do ato de ler, mas não compreensivas. A compreensão do significado do ato de ler e, consequentemente, do que é a leitura enquanto possibilidade humana, continua oculta.

2. Pesquisas que consideram o ato de ler como um processo de elaboração de significado ou de pensamento diante dos símbolos escritos. Este ponto de vista, iniciado por Thorndike, foi mais tarde desenvolvido por Gray. O aspecto mais evidente de todos estes estudos é o processo cognitivo, além dos processos perceptuais básicos na leitura. Neste grupo de pesquisadores liderados por Thorndike, ainda que voltados para os aspectos cognitivos do ato de ler e profundamente interessados no significado do significado, não se encontra uma discussão clara para a análise da cognição e, menos ainda, para a ideia de significado do significado.

3. Pesquisas que se referem ao processo de leitura como sendo a percepção e compreensão de mensagens escritas de forma paralela às mensagens faladas. Estas pesquisas colocam em evidência a relação íntima entre o ato de ler e o processo de linguagem expressiva estudado pelos linguistas. Um aspecto característico desta concepção é a posição dada à leitura abrangendo dois processos psicológicos diferentes:

3.1 um processo de decodificação do símbolo escrito, o *grafema*, os *fenômenos* apropriados, ou referentes sonoros na linguagem falada e um outro processo de compreensão das mensagens decodificadas;

3.2 um processo de discriminação dos padrões de escrita e som, especialmente daqueles mais regulares identificados por meio da análise linguística, antes de se prestar atenção ao processo de compreensão. A aprendizagem da leitura é concebida como um processo em dois estágios a saber:

3.2.1 discriminação das correspondências grafemafonema

3.2.2 compreensão

* * *

Esta concepção de como se produz o início do processo do ato de ler está em contraste claro e evidente com as práticas metodológicas que se derivam da concepção da leitura que se inicia com um processo perceptual generalizado, visualmente orientado de reconhecimento de palavras no seu todo e dos seus significados, mais que em conjunção com a aprendizagem da diferenciação específica de suas partes. Ao considerar-se a importância e os méritos das diversas direções que seguiram as pesquisas interessadas no processo de leitura, verifica-se que a preocupação dos pesquisadores centralizou-se na importância dada às tendências dominantes em si, ou na combinação dessas tendências para explicar os estágios iniciais e subsequentes do processo de leitura. Todavia as questões referentes às ideias de compreensão, de interpretação e de significado permanecem propostas abertas, não discutidas e, menos ainda, solucionadas.

Foi esta problemática da compreensão, da interpretação e do significado, na análise do discurso escrito que preocupou o autor deste volume. Partiu ele das pesquisas empíricas e da metodologia vigente da pesquisa para a reflexão como constitutiva do método.

A pesquisa empírica, usando o método vigente da ciência, segmenta o homem, e concentra-se na fatualidade. Dessa forma, manipula variáveis e dados coletados, sem, contudo, refletir e habitar tais dados.

O interesse do autor não está dirigido para esta fatualidade da ciência, mas, para a tentativa de indicar direções no inquérito que auxilie sair do *status* peculiar em que se encontram as pesquisas referentes ao ato de ler. O grande enigma com que a pesquisa em leitura se defronta parece ser o enigma da subjetividade e se refere, especificamente, do enigma da leitura e de seu método de aprendizagem.

A subjetividade nada tem de esotérico, resulta de reflexão na avaliação da própria ciência. Não se refere ao caráter científico (ou não) das pesquisas conduzidas. Antes, porém, refere-se àquilo que as pesquisas significam para a existência humana.

A reflexão deve surgir para o pesquisador em todo o seu vigor, substituindo a medida, a representação e os contextos hipotéticos e teóricos. É assumida como sendo a forma através da qual um ser humano procura compreender o outro ser humano, em lugar de explicá-lo ou de descrevê-lo. Isto é sem dúvida o estabelecimento do subjetivismo. Mas, o que é realmente objetivo, senão aquilo que é subjetivo para o homem que investiga o fenomenal para poder chegar ao fenômeno? Diante de mim está um pedaço de papel iluminado por uma luz mortiça (fraca, crepuscular). Vejo o papel e toco nele. Este *ver perceptual* assim como o tocar o papel são uma forma de experiência concreta completa *de papel*, como ele está aí, diante de mim, que se dá como verdade porque se mostra, surge num determinado ângulo e constitui um produto (um pensamento, uma imaginação, uma reflexão, uma meditação). Note-se bem que o papel em si, com suas qualidades objetivas, o lugar que ocupa no espaço, seu posicionamento visível diante do meu corpo, não é reflexão, mas o pensado, o refletido, o percebido, um produto, não é uma *experiência perceptual*. É evidente que um objeto como coisa material (no caso o papel), à medida que é uma experiência perceptual é, em princípio, algo fora da experiência, um ser de espécie completamente diferente.

Sempre me dirijo para os objetos, para o papel no caso descrito, passo a apreendê-los como algo que está presente, aqui e agora. Este ato de apreender, de passar para a consciência, é um ato seletivo diante de cada objeto percebido e situa-se no panorama geral da experiência. Em torno do papel, próximos ou distantes, estão livros, lápis, tinteiros, que podem estar, também, presentes, ali, no campo possível da intuição, mas quando o papel é focalizado não há mais ligações entre os objetos ali presentes, diferentes do papel e de mim. Os objetos ali presentes surgiam, mas não eram selecionados, não se apresentavam como reais, como possibilidades de serem descritos e denominados.

Toda percepção de uma coisa tem sempre uma zona de "generalidade de intuição", um panorama que permite atenção. Esta zona de generalidades é uma *experiência consciente*, é a possibilidade de gerar *consciência de alguma coisa* — consciência de tudo aquilo que tem uma possibilidade coperceptiva.

Note-se bem que estou tentando mostrar aqui a existência de uma tomada de consciência que é característica da percepção como sendo um direcionar-se para os objetos. Tenho consciência de algo e, então, realizo um ato de consciência. O Ser Humano, neste caso, está num estado de "Ego acordado", quando está na sua corrente de experiências, isto é, num estado de agitação do pensamento, de refletir etc.

O Ser-Humano manifesta-se através de um "estado-de-consciência". É este estado-de-consciência que sustenta o homem na sua vida, na sua existência e, principalmente, na sua existência com os outros.

Ao mesmo nível, ou existindo conjuntamente ao estado-de-consciência, está a compreensão.

Compreensão, como um estado básico do Ser, não se refere simplesmente ao estar habilitado a fazer ou a dirigir alguma coisa a ser competente para algo. Compreensão refere-se à potencialidade de Ser e de conhecer aquilo de que se é capaz. Este saber do que é capaz não resulta de uma autopercepção apenas, imanente, mas resulta de um estado-de-consciência, de uma consciência presente. Na compreensão está sempre implícita uma possibilidade de *interpretação*, uma possibilidade de apropriação e de apreensão daquilo que foi compreendido. Diferencia-se de intelecção, em que esta última se limita a chegar à natureza do verdadeiro e do imutável do mundo. Compreender é assumir a *intenção total*, não apenas assumir o que as coisas representam, o seu simbolismo, as suas propriedades, mas o modo específico de existir das coisas que se expressam na composição do texto, nas ideias que se desvelam, no pensamento do autor do texto.

Vejamos um pequeno exemplo — como compreender na tragédia, seja ela grega ou shakespeariana, o texto, os personagens, a sequência das ideias, a composição conforme queria Aristóteles? Ou a "compreensão", o mergulhar no objeto da reflexão para sair dele com a apreensão, com o significado atribuído? A compreensão permite ao Ser que se situa diante da tragédia ver quais são os relacionamentos básicos do drama trágico com a filosofia, por exemplo, e como a própria filosofia da época da tragédia grega, renegava a tragédia. Sendo produzida na época de Sócrates, os filósofos tendiam a destruir e a negar os *insights* dos dramaturgos, uma vez que os filósofos da época buscavam termos bem definidos, conscientes, e argumentos racionais. O dramaturgo não está interessado no racional, mas no emocional e no absurdo, no estranho e no desagradável. Ao concentrar-se no emocional mais do que no racional, o dramaturgo busca induzir seu público à simpatia, à emoção e à compreensão.

Entre as asserções básicas da tragédia está o valor da vida do indivíduo. O ato de compreender, portanto, não constitui apenas um ato racional; ao contrário, talvez esteja mais dirigido para o emocional, para o estado-de-consciência, ou estado-de-preocupação-atentiva do Ser.

Compreender não é a mesma coisa que descobrir uma lei, descobrir um princípio que regulamenta um acontecimento, ou penetrar um pensamento objetivo e racional, mas quer dizer chegar à síntese característica e peculiar do comportamento dos indivíduos diante dos outros, diante da natureza, diante do tempo, diante do texto. Refere-se à possibilidade de organizar o mundo e as coisas e constitui um estado básico da existência do Ser-do-Homem. Dessa forma não deverá haver um gesto humano, uma palavra, um silêncio que não tenham um significado que se torna visível por si só; na maioria das vezes, este significado torna-se visível através da compreensão.

Sempre que um objeto é visto, seja este objeto um texto ou uma ideia, no momento em que ele é visto intencionado e percebido, pode estar sujeito a algumas mudanças decorrentes das possibilidades de mudanças e de transformações na consciência e que se produz à medida que o dirigir-se para as coisas gera seletividade e prioridade. Este voltar-se para as coisas não precisa necessariamente ser um voltar-se para o aspecto físico, mas pode ser um voltar-se para algo que produza uma visão mental.

Estamos atentos para as coisas e alerta para elas não apenas através ou por meio da percepção, mas podemos estar conscientes através da lembrança e no jogo livre da fantasia. Isto pode acontecer tanto na intuição clara como na sua ausência. As coisas podem passar por nós com caracterizações diversas do real, possibilidades, fantasias etc.

A compreensão dá-se na concretude do homem, não na sua racionalidade. Dessa forma torna-se difícil, senão impossível, dizer onde é que a compreensão tem início. A melhor forma seria iniciar no próprio homem, como todos os seus aspectos humanos e que não são os aspectos racionais. A lógica por si só não é capaz de explicar a compreensão. Sempre que o homem insiste em permanecer nos limites da razão perde de vista a compreensão e fica na análise, na intelecção. O estado de consciência esclarecida do mundo, de um lado, e a compreensão, de outro, têm a mesma importância e surgem conjuntamente, de forma que um aspecto não pode existir sem o outro. Não é, simplesmente, pelo fato de se estar buscando a compreensão que se compreende, mas o buscar, o estado-de-preocupação-atentiva e o ato de compreender, surgem conjuntamente.

O aspecto seguinte, constitutivo do ato de compreender e do estado-de-preocupação-atentiva, é a interpretação. Ao interpretar não se está atribuindo um significado para alguma coisa nua, simples e vaga, que está diante de nós, nem tampouco está-se atribuindo valores. Mas quando algo se situa diante de nós, como algo a ser interpretado, este algo já possui um envolvimento, um aspecto que foi desvelado na nossa compreensão. É este envolvimento já existente que se mostra por meio da interpretação. Aquilo que é compreendido e que existe para nós e para o qual já existe até uma expectativa ou uma visão prévia, torna-se conceituai, ou possível de ser conceituado por meio da interpretação.

Aquilo que já conhecemos e compreendemos nem sempre se manifesta claramente, pois como maneira de ser pode ocultar-se. Neste caso, é a interpretação que torna possível e até obriga a conceituação.

Sempre que algo é interpretado de uma determinada maneira, ou como sendo alguma coisa, a interpretação está essencialmente fundamentada naquilo *que temos diante de nós*, portanto, num real; está também fundamentada numa expectativa, em algo que se vê antecipadamente, assim como está fundamentada numa possibilidade de *conceituação.* Uma interpretação nunca poderá ser algo sem antecedentes, sem ter sido precedida uma compreensão.

Quando nos envolvemos num ato de interpretação concreto, precisamos em primeiro lugar nos dirigir para aquilo que existe ali, que deve ser interpretado. O que está ali, porém, nada mais é do que asserções não discutidas da pessoa que faz a interpretação. No ato de interpretar está uma asserção, aquela que foi aceita pela própria interpretação, isto é, que foi apresentada no que está diante de nós, naquilo que vimos antecipadamente, e na possibilidade de concepção.

Ao produzir, ou ao projetar-se, a compreensão desvela, torna visível o que está oculto e o que está oculto projeta-se numa totalidade de significados. Quando aquilo que está oculto se desvela, torna-se visivel através da compreensão, dizemos que estas entidades ocultas possuem significados.

Note-se, bem, porém, que aquilo que é compreendido, tomado no seu sentido bem estrito, não é o significado da entidade (significado de livro, ou de qualquer outro objeto). Significado é aquilo que se mantém oculto e que se desvela apenas pela inteligibilidade. Note-se que o significado não está nas coisas e nos objetos, nem nas palavras e nas proposições, mas constitui uma possibilidade de desvelamento, de atribuição, que é característico do Ser-do-Homem. O significado é a possibilidade que algo possui de tornar-se visível como algo que é. Sua estrutura depende, naturalmente, do que temos diante de nós, da possibilidade de se antever, isto é, da expectativa de visão, e da possibilidade de se chegar a alguma coisa antes de ser ela conceituada. O significado precisa ser idealizado, concebido, visto inteligivelmente como um desvelar, um tornar-se visível de tudo aquilo que pertence à compreensão e somente o Ser-do-Homem pode ter e atribuir significados.

A leitura, portanto, como é discutida pelo autor, desde a alfabetização até as formas mais complexas de encontro com textos na universidade, é uma forma de atribuição contínua de significados. Dessa forma, o leitor, seja ele a criança que inicia na alfabetização, ou o adulto já na universidade, está num contínuo de atribuição de significados, de expectativas de visão e de chegar à idealidade daquilo que está sendo mostrado pela cartilha ou pelos diferentes tipos de texto.

Joel Martins

Janeiro/1981

CAPÍTULO 1

Necessidade de um inquérito sobre a leitura

A atividade de leitura se faz presente em todos os níveis educacionais das sociedades letradas. Tal presença, sem dúvida marcante, e abrangente, começa no período de alfabetização, quando a criança passa a compreender o significado potencial de mensagens registradas através da escrita. Após esta fase de iniciação, o aluno continua a se encontrar com livros-textos (materializados, na prática escolar, sob a forma de livro-adotado, texto base, bibliografia obrigatória, leitura suplementar, apostila etc...) ao longo de toda a sua trajetória acadêmica.

A própria instituição escola, principal responsável pelo ensino do registro verbal (principalmente ler e escrever) da cultura nos dias atuais, concebe o livro — didático ou não — como um instrumento básico, como um complemento primeiro às funções pedagógicas exercidas pelo professor. Em verdade, seria difícil conceber uma escola onde o ato de ler não estivesse presente — isto ocorre porque o patrimônio histórico, cultural e científico da humanidade se encontra fixado em diferentes tipos de livros. Assim, o acesso aos bens culturais, proporcionado por uma educação democrática, pode muitas vezes significar o acesso aos veículos onde esses bens se encontram registrados — entre eles, o livro.

A leitura, como um instrumento de acesso à cultura e de aquisição de experiências, é muito bem destacada por Martins quando diz que

> Ao trabalhar, como membro que é de uma equipe de uma escola, o professor está interessado em que seus alunos adquiram experiências. Estas experiências podem ser adquiridas através de um *livro-texto*, com *textos elaborados* e *mimeografados*, através da discussão em grupos, de pesquisas bibliográficas e de campo (...) O termo experiência deve ser concebido aqui no seu sentido mais amplo (grifos meus).[1]

Nesta citação, o material escrito é colocado como uma condição necessária para uma experiência possível em sala de aula. Entendendo-se por "experiência" o conhecimento adquirido pelo indivíduo nas suas relações com o mundo, através de suas percepções e vivências específicas, verifica-se que a leitura (isto é, o instrumento necessário à compreensão do material escrito) também pode ser vista como uma fonte possível de conhecimentos. E se a experiência cultural for tomada como um comprometimento do indivíduo com a sua

1. Joel Martins. "Modelo de Planejamento Curricular". In: Walter E. Garcia (Ed.). *Educação brasileira contemporânea*: organização e funcionamento. São Paulo: MacGraw-Hill do Brasil, 1976. p. 44.

existência, verifica-se a importância que a leitura exerce na vida do indivíduo.

Em termos de educação institucionalizada, além de ligar-se à aquisição de experiências, a mensagem escrita é uma das fontes primeiras que disparam a ação educativa exercida pelo professor. Em verdade, nas escolas brasileiras os diferentes tipos de documentos escritos colocam-se no centro da vivência professor-aluno, despontando como mediadores dessa relação e/ou veículos para instigar discussões, reflexões ou novas práticas. A relação cultura-leitura é clara e patente: qual é ou foi o professor que jamais adotou ou recomendou a leitura de livros a seus alunos durante o transcorrer de seus cursos? Até mesmo a atualização dos professores fica na dependência de leituras diversas, e, por que não dizer, a preparação e reformulação de seus programas de ensino.

Apesar de tão continuadamente requisitada e tão multifacetadamente presente dentro de propostas que visam facilitar a aquisição de experiências, a leitura levanta-se como uma grande fonte de inquietação dentro do cenário educacional brasileiro — como um grande enigma, por assim dizer. Na ausência de informações que orientam uma prática mais eficiente, o ensino da leitura parece ser realizado ao acaso, fazendo com que os professores ajam através do ensaio-e-erro quando da abordagem de materiais escritos junto a seus alunos. Vale a pena mencionar que até mesmo os chamados "guias curriculares" (ou outros instrumentos de apoio ao professor), em se tratando do tópico da leitura, são bastante superficiais e nada ilustrativos.

Neste ponto é importante lembrar que todo professor, por adotar um livro ou mesmo por produzir ou selecionar seus textos transforma-se, necessariamente, num corresponsável pelo ensino e encaminhamento da leitura. Em outras palavras, a leitura é uma "exigência" que está presente nas disciplinas acadêmicas oferecidas pela escola e, por isso mesmo, os respectivos professores são, implicita ou explicitamente, orientadores de leitura. Ressalte-se que textos de natureza diversa (Literatura, Ciências, Matemática etc...) vão exigir abordagens diferentes de leitura para se chegar ao seu significado. Porém, por razões diversas, a responsabilidade pela orientação da leitura e pela formação do aluno-leitor é deixada somente aos alfabetizadores e aos professores de Comunicação e Expressão. Assim, se os alunos não aprendem a ler e se existe uma crise da leitura na escola brasileira, a culpa não é do corpo docente como um todo, mas somente dos professores de Português.

Verifica-se que o descaso na área de investigação sobre o ato de ler do aluno-leitor brasileiro corporifica-se ainda mais, resvalando até mesmo na ideia de indiferença, quando se analisa o preparo do professor, naqueles aspectos que se referem ao ensino da leitura. O problema de despreparo do professor propõe-se como um paradoxo: são raras as faculdades ou universidades brasileiras que oferecem cursos na área de Psicologia e/ou Metodologia da Leitura — o assunto parece se resumir aos diferentes métodos de alfabetização em que são treinados os futuros professores das primeiras séries do 1º grau (como se a leitura abrangesse apenas um processo limitado de alfabetização, isto é, decifração do código). A lei de causalidade parece ser a seguinte: se alfabetizado, o aluno vai ser capaz de ler todos os tipos de mensagens escritas. O momento pós-alfabetização parece ficar na chamada habilidade de compreensão — "retirar a ideia principal do texto" — ou, o que não é muito incomum, "fazer o fichamento do livro..." Sem dúvida que a alfabetização é uma condição necessária à formação do leitor, mas quando realizada em outros moldes: quando os leitores, de forma significativa, forem capazes de formar os referenciais e os significados indiciados através de mensagens escritas. Há que lembrar, ainda, a orientação necessária ao momento, pós-alfabetização, que dá continuidade à iniciação em leitura.

E mesmo as faculdades de Letras, que formam professores de Comunicação e Expressão, parecem se esquecer da problemática da leitura, preocupando-se, na maioria das vezes, com análises importadas e que estão na moda e com gramáticas esotéricas na área do Português.[2] Exceção seja feita àquelas faculdades onde se trata da literatura infantojuvenil com a devida seriedade — boas tentativas vêm sendo feitas nesta área, apesar das grandes dificuldades na produção de livros para crianças e adolescentes. Em todo caso, propõe-se aqui que os aspectos teóricos e práticos da leitura, pelo papel que exercem na formação geral e específica do indivíduo, deveriam ser indistintamente tratados em qualquer curso de preparação de professores.

---

2. Osman Lins. "Reflexões sob um Quadro Negro!". In: *Do ideal e da glória*: problemas inculturais brasileiros. São Paulo: Summus Editorial, 1977. p. 79-84.

As autoridades educacionais, na tentativa de salvar a pele diante de tamanho problema, frequentemente baixam recomendações como esta

> — Que se estimulem, *por todos os meios*, o gosto da leitura e o uso do dicionário, quer em aula, quer no lar do estudante, para que se transformem em *hábito* (grifos meus).[3]

O verbo "estimular" e a palavra "hábito", contidos no corpo desta citação, parecem indicar uma abordagem mecanicista da leitura. Esta passa a ser um esquema de comportamento adquirido que, pela repetição, se torna involuntário ou automático. Ao colocar a leitura como uma resposta a determinados estímulos (neste caso, o dicionário e outros tipos de materiais escritos), os autores da sugestão correm o risco de eliminar os atos de refletir e de transformar que certamente também devem fazer parte da atividade de leitura.

Mas, mesmo tomando-se a leitura no esquema de referência de hábito, segundo o modelo behaviorista S-R, ela necessitaria de determinadas condições para o seu desenvolvimento. Daí a expressão "por todos os meios" ganhar um caráter extremamente ambíguo dentro da recomendação. Para que o "hábito" da leitura se desenvolvesse seria necessário que as escolas e as famílias brasileiras permitissem o "acesso ao livro". Porém a maioria das escolas não possui bibliotecas, e, aquelas que possuem, são geralmente mal utilizadas (inexiste renovação de acervo, não há bibliotecá-

3. BRASIL. Conselho Federal de Educação. Resolução de maio de 1975.

rias formadas em escolas oficiais, os locais são inapropriados etc...);[4] porém o preço dos livros geralmente está muito além das possibilidades econômicas dos alunos;[5] porém o mercado do livro didático nem sempre oferece o que há de melhor;[6] porém não são todos os professores que sabem orientar adequadamente a leitura. Como, então, incentivar "por todos os meios", se os próprios meios não são fornecidos às escolas?

A situação da leitura no Brasil é bastante contraditória: convivem, lado a lado, a preparação "carente" do professor de leitura e as recomendações irrealistas das autoridades educacionais. A política é a do "deixa como está para ver como é que fica", aumentando dia a dia o volume da crise. Com isto em mente, pergunta-se: será que os cursos de preparação de professores não deveriam dar mais atenção ao ato de ler como parte integrante e fundamental da educação dos alunos? Será que as recomendações governamentais não deveriam atingir o nível das ações concretas?

Numa época em que o olho eletrônico da televisão está aí no mundo ao redor, padronizando o conteúdo das informações, barrando as possibilidades de escolha do receptor, criando obstáculos ao aparecimento de indivíduos mais idiossincráticos, homogeneizando consciências e massifi-

---

4. Ezequiel Theodoro da Silva. "Escola de Rico e Escola de Pobre". In: *Os (des) caminhos da escola*: traumatismos educacionais. São Paulo: Cortez e Morais, 1979. p. 55-62.

5. Carlos Alberto Medina e M. L. Rodrigues de Almeida. *Hábitos de leitura*: uma abordagem sociológica. Rio de Janeiro: Centro Latino-Americano em Ciências Sociais, 1977 (pesquisa não publicada).

6. Milton José de Almeida. "Educação e Mercado Editorial". In: Revista *Educação e Sociedade*. Campinas: Cortez/Cedes, n. 1, p. 185-187, set. 1978.

cando a população, seria importante trazer à luz algumas funções da leitura dentro de um contexto educacional mais abrangente. Antes da colocação dessas funções, entretanto, uma afirmação de Ethevaldo Siqueira deve ser analisada e discutida:

> O Brasil é assim uma espécie de paraíso da televisão. Por que tem os ingredientes básicos para isso: *grande massa de analfabetos* e iletrados pouco exigentes, *reduzidas opções de lazer, dificuldades econômicas, recentes* (...)" (grifos meus).[7]

Não resta dúvida de que o analfabetismo é uma sólida barreira para o desenvolvimento da leitura no contexto brasileiro. Todos devem conhecer o vendaval de cifras estatísticas, que quase sempre confunde e não deixa ver os contornos dessa vergonha nacional. Entretanto, é nesta contradição que emerge a importância da alfabetização como condição necessária à formação do leitor crítico (Paulo Freire a vislumbrou muito bem nos idos de 1964); sem a possibilidade de compreender o material impresso, é impossível ao indivíduo situar-se dentro dos horizontes veiculados através da escrita. Ao analfabeto, em outras palavras, fica vedada a possibilidade de fruição dos bens culturais que compõem o patrimônio literário da sociedade.

Por outro lado, parece certo dizer que não existe tradição de leitura no Brasil. Dada as condições do desenvolvimento histórico e cultural do país, a leitura, enquanto atividade de

7. Ethevaldo Siqueira. "Na televisão, todas as noites, uma receita para pensar". In: *O Estado de S. Paulo,* 15/5/1977, p. 26.

lazer e atualização, sempre se restringiu a uma minoria de indivíduos que teve acesso à educação e, portanto, ao livro. A grande massa da população, sem condições para estudar, sempre aderiu aos meios diretos de comunicação, que não exigem educação formal para sua recepção. Daí, talvez, o sucesso do rádio e da televisão no contexto brasileiro e na maioria dos países subdesenvolvidos. Daí também, o lazer proporcionado pela leitura ficar restrito àqueles que tiveram e que têm acesso à escola de forma privilegiada, isto é, à escola que aponta para o significado e para a referência. E como este tipo de escola não é constituído para o povo em geral, a leitura torna-se um bem ou um privilégio a ser desfrutado somente pelas elites.

Sem dúvida que as "dificuldades econômicas", como a inflação e o custo de vida, também levantam-se como barreiras ao desenvolvimento da leitura junto à grande massa de brasileiros. O encarecimento do livro faz com que a leitura se transforme num verdadeiro "luxo", pois o poder aquisitivo, numa sociedade desigualmente dividida, certamente discrimina. As livrarias nacionais também deixam muito a desejar, pois

> (...) a comercialização do livro não acompanhou, de forma alguma, a expansão da demanda, permanecendo nos moldes rotineiros do passado. Ora, acontece que a inflação tornou praticamente inviável a montagem de livrarias nos grandes centros urbanos, pelo alto preço dos aluguéis.[8]

---

8. Nelson Werneck Sodré. *Síntese de história da cultura brasileira*. 6. ed. Rio de Janeiro: Civilização Brasileira, 1978. p. 132-133.

Diante do exposto, pergunta-se: será que num país com grande incidência de analfabetos e com uma péssima política do livro, a problemática da leitura não merece uma tematização mais abrangente e mais incisiva?

Funções gerais da leitura

As experiências conseguidas através da leitura, além de facilitarem o posicionamento do ser do homem numa condição especial (o usufruto dos bens culturais escritos, por exemplo), são, ainda, as grandes fontes de energia que impulsionam a descoberta, elaboração e difusão do conhecimento. Qualquer síntese nova provinda da área educacional, ou mesmo fora dela, requer a análise e sistematização de informações que, mesmo dentro de uma sociedade supostamente tendendo ao "imagismo" da TV, raramente são visuais ou não verbais. Em outras palavras: a produção e divulgação da ciência e da cultura parecem caminhar por meio de veículos que se utilizam da expressão escrita; assim sendo, pelo menos na grande maioria das vezes, o livro, o periódico, a revista especializada são os meios mais práticos para a circulação do conhecimento.

Não se quer dizer com isto que outros veículos (rádio, televisão, cinema etc...) não sirvam ou não se apliquem à circulação da cultura. Se forem repensados e reformulados seus processos e conteúdos, de modo a facilitar a conscientização das massas, esses meios podem contribuir para a evolução da sociedade. O problema é que, no caso brasileiro, os chamados meios de comunicação de massa têm servido às elites dominantes, inculcando e reforçando a ideologia por elas produzida. Por outro lado, não é errado dizer que grande parte da programação televisiva e radiofônica ainda depende da palavra impressa.

Ao refletir sobre as vantagens do veículo escrito sobre outros meios de comunicação, Lisboa diz que:

> O fato é que os chamados audiovisuais comunicam num tempo limitado, enquanto a letra impressa está sempre disponível. Além disso, esta dispõe de uma credibilidade de documento, podendo ser consultada, exibida e guardada. Depois, o escrito é procurado pelos que o consomem, enquanto a comunicação audiovisual nos chega como uma visita. Isto implica numa participação maior no processo da comunicação (...); engenhosas telas e aparelhos eletrônicos (...) mais parecem pensar por nós do que transmitirem mensagens e informações.[9]

Estas afirmações elucidativas permitem uma série de reflexões sobre as funções da leitura. A variedade e disponibilidade de livros à venda no mercado (ou guardados nos acervos das bibliotecas) dão margem a um ato de escolha ou de seleção por parte do leitor — ele lê aquilo que quiser. Tal seleção pode gerar ou permitir um aprofundamento maior acerca da mensagem veiculada — o leitor lê e interpreta o texto-fonte quantas vezes quiser. É claro que até pouco tempo a liberdade de escolha do leitor ficava sujeita às restrições impostas pela censura, mas, de qualquer forma, a variedade de materiais escritos era bem maior do que os programas ou

---

9. Luis Carlos Lisboa. "A palavra impressa". In: *Olhos de ver*: ouvidos de ouvir. Rio de Janeiro: Difel, 1977. p. 41-42.

formas audiovisuais de registro da cultura. Não menos importante é o fato de que a escrita é uma técnica milenar, enquanto os outros meios somente se desenvolveram nos séculos XIX e XX — por isso mesmo, o volume dos registros escritos é bem maior.

Comparando estas vantagens com as informações veiculadas pela televisão, verifica-se que aqui, além de mensagens efêmeras, redundantes e "enlatadas", existe o controle comercial e ideológico imposto pelo produtor e pela censura (neste caso, bem maior). A "política da tesoura", característica fundamental da era repressiva, já é bastante famosa e não merece maior detalhamento aqui. Pelas próprias características do canal de comunicação da televisão, a seleção do telespectador fica restrita a poucas emissoras que, na maioria das vezes, nivelam por baixo através de mensagens persuasivas superengenhadas a fim de garantir audiência. A mensagem chega unidirecionalmente e o telespectador (ou o leitor da TV) em nada contribui para a montagem das informações televisivas; a sua percepção segue a percepção daquilo que o produtor ou a censura achou importante; a sua participação significa, neste caso, mera "deglutição".

O nivelamento cultural ou a padronização de experiências nada faz além de impedir comunicações mais autênticas e geradoras de novos significados. O indivíduo repetidor, massificado ou plagiador dificilmente tem algo novo a informar. Em verdade, a incrementação das experiências do indivíduo depende das diferenças de conhecimento entre as pessoas que convivem socialmente. A cultura e a ciência parecem caminhar através de diferenciação progressiva ou de desdobramento crescente, nunca através de estagnação homogeneizadora. Assim, a aquisição de novas informações e a consequente expansão de horizontes decorrentes de leituras ecléticas vão se tornar instigadoras de diálogos mais frequentes e de comunicações mais autênticas. Nesse sentido, ler é realmente participar mais crítica e ativamente da comunicação humana.

Uma outra importante função da leitura também pode ser inferida a partir das seguintes palavras de Lisboa:

> Quando se diz que o importante nos livros está nas entrelinhas, ou atrás das palavras impressas, o que se quer dizer é que aquilo que os livros contêm não é diferente da vida. Escritos por homens, eles *refletem o que é humano* (grifos meus).[10]

Leitura, enquanto uma forma de participação, somente é possível de ser realizada entre os homens. Os signos impressos, registrando as diferentes experiências humanas apenas medeiam as relações que devem existir entre os homens — relações estas que dinamizam o mundo cultural. Sendo um tipo específico de comunicação, a leitura é uma forma de encontro entre o homem e a realidade sociocultural; o livro (ou qualquer outro tipo de material escrito) é sempre uma emersão do homem do processo histórico, é sempre a encarnação de uma intencionalidade e, por isso mesmo, "sempre reflete o humano". Daí a necessidade de um enfoque mais específico sobre os aspectos da comunicação humana, inerentes à leitura.

---

10. Luis Carlos Lisboa, op. cit., p. 82.

Muitas vezes o termo "comunicação" sofre uma restrição profunda pelo senso comum da população, sendo tomado apenas como falar e escrever (expressão de mensagens). Deve-se verificar, porém, que a comunicação envolve também ouvir e ler (recepção de mensagens); sem o interlocutor ou leitor não há possibilidade de comunicação. Fala-se e escreve-se para alguém. Ao aprender a ler ou a ler para aprender, portanto, o indivíduo executa um ato de conhecer e compreender as realizações humanas registradas através da escrita.

Em termos de realidade educacional brasileira, as funções da leitura podem ser explicitadas da seguinte forma:

> *1. Leitura é uma atividade essencial a qualquer área do conhecimento e mais essencial ainda à própria vida do Ser Humano. (O patrimônio simbólico do homem contém uma, herança cultural registrada pela escrita. Estar com e no mundo pressupõe, então, atos de criação e recriação direcionados a essa herança. A leitura, por ser uma via de acesso a essa herança, é uma das formas do Homem se situar com o mundo de forma a dinamizá-lo.)*
>
> *2. Leitura está intimamente relacionada com o sucesso acadêmico do ser que aprende; e, contrariamente, à evasão escolar.*[11] *(Modernamente, a escola é a principal responsável pelo ensino do ler e escrever. Apesar da presença marcante dos meios audiovisuais na sociedade em geral, a escola ainda parece utilizar o livro como o principal instrumento de aprendizagem nas diferentes disciplinas. Não ser alfabetizado adequadamente pode*

11. Carlos Alberto Medina e outros, op. cit.

significar grandes dificuldades — quase sempre frustradoras — na aquisição do currículo escolar.)

3. Leitura é um dos principais instrumentos que permite ao Ser Humano situar-se com os outros, de discussão e de crítica para se poder chegar à práxis. (O contexto da maioria das escolas nacionais ainda está longe de outros recursos de conscientização — a ciência e a cultura chegam às escolas através do livro; negar isto é formar o modelo da escola ideal, mas não considerar concretamente as escolas.)

4. A facilitação da aprendizagem eficiente da leitura é um dos principais recursos de que o professor dispõe para combater a massificação galopante, executada principalmente pela televisão. (Mesmo com a presença marcante de outros meios de comunicação, o livro permanece como o veículo mais importante para a criação, transmissão e transformação da cultura.)

5. A leitura, possibilitando a aquisição de diferentes *pontos de vista (alargamento de experiências, parece ser o único meio de desenvolver a originalidade e autencidade dos seres que aprendem. (A tecnologia exigida na instalação de certos recursos eletrônicos nas escolas brasileiras parece envolver custos que as autoridades não se predispõem a pagar. Por outro lado, a utilização desses recursos depende da atualização e treinamento dos professores. O livro, dadas as suas condições de produção e manuseio, levanta-se como o recurso mais prático para a difusão do conhecimento no meio escolar.)*

Ler é, antes de tudo, compreender

Foi afirmado anteriormente que, ao experienciar a leitura, o leitor executa um ato de compreender o mundo. De fato, o propósito básico de qualquer leitura é a apreensão dos significados mediatizados ou fixados pelo discurso escrito, ou seja, a compreensão dos horizontes inscritos por um determinado autor, numa determinada obra. O "compreender" deve ser visto como uma forma de ser, emergindo através das atitudes do leitor diante do texto, assim como através do seu conteúdo, ou seja, o texto como uma percepção ou panorama dentro do qual os significados são atribuídos. Nesse sentido, não basta decodificar as representações indiciadas por sinais e signos; o leitor (que assume o modo da compreensão) porta-se diante do texto, transformando-o e transformando-se. Esta atividade crítica de desvelamento do significado é muito bem descrita por Safady, quando afirma

> (...) o leitor curioso e interessado é aquele que está em constante conflito com o texto, conflito representado por uma *ânsia incontida de compreender*, de concordar, de discordar — conflito, enfim, onde quem lê não somente capta o objeto da leitura, como transmite ao texto lido as cargas de sua experiência humana e intelectual (grifos meus).[12]

É importante ressaltar que, na compreensão gerada pela leitura, o "outro" do discurso não se faz presente (o que melhor caracteriza a situação de comunicação transacional ou de diálogo face a face). Na situação de leitura, existe somente a presença de dois elementos: um leitor e um documento escrito, que veicula uma mensagem. Nesse sentido, a compreensão proporcionada pela leitura apresenta carac-

---

12. Naïef Safady. *Introdução à análise do texto*. 3. ed. Rio de Janeiro: Livraria Francisco Alves, 1968. p. 13.

terísticas bastante diferentes do "falar-ouvir," o que vai colocar o encontro leitor-mensagem escrita dentro de uma categoria especial de comunicação. O único fato concreto que o leitor tem diante dos olhos é o documento impresso — a ação ou trabalho sobre esse fato concreto, buscando a compreensão, manifesta-se pela leitura.

Com o autor ausente no momento da comunicação, a atenção do leitor volta-se aos horizontes expressos através da mensagem escrita. Assim, o "encontro" proporcionado pela leitura deve ser entendido como a comunicação entre o leitor e os signos linguísticos que formam a trama-tecido do texto. Trata-se, mais especificamente, de um problema de restauração de significados mediados por símbolos e é isso mesmo que vai colocar a leitura em íntima relação com a hermenêutica.

Compreender a mensagem, compreender-se na mensagem, compreender-se pela mensagem — eis aí os três propósitos fundamentais da leitura, que em muito ultrapassam quaisquer aspectos utilitaristas, ou meramente "livrescos", da comunicação leitor-texto. Ler é, em última instância, não só uma ponte para a tomada de consciência, mas também um modo de existir no qual o indivíduo compreende e interpreta a expressão registrada pela escrita e passa a compreender-se no mundo.

As afirmações propostas sobre os propósitos gerais e específicos da leitura, somadas às questões problematizadoras inseridas anteriormente, parecem corroborar ainda mais o fato da leitura ligar-se muito intimamente ao projeto educacional e à própria existência do indivíduo. Diante de tantas funções múltiplas e do seu papel ativo na educação e vida de qualquer indivíduo, é forçoso ainda perguntar não deveria um inquiridor refletir mais incisiva — e profundamente — sobre o ato de ler e sobre a atividade de leitura?

Panorama da pesquisa sobre leitura no Brasil

Enquanto que em outros países a leitura, vista como parte indispensável e fundamental da educação do indivíduo, vem recebendo a atenção que realmente merece, no Brasil foram poucos aqueles que se dispuseram a refletir sobre o problema. Só nos Estados Unidos, por exemplo, foram publicadas 1.588 pesquisas na área de leitura no período 1975-1977 — quantidade esta veiculada por apenas uma única revista especializada.[13]

O panorama da pesquisa sobre leitura no Brasil é bem diferente: nos dois levantamentos sobre a pesquisa educacional brasileira, feitos por Aparecida Joly Gouveia, constatam-se nada mais que 50 pesquisas sobre leitura, sendo a maioria delas voltada ao processo de alfabetização.[14] Em verdade, a leitura do aluno brasileiro é um grande ponto de interrogação.

Por exemplo, no nível universitário, onde estão presentes propostas mais frequentes e mais diretamente relacionadas com pesquisas bibliográficas e discussão de textos, *ainda não houve* nenhum inquérito sistemático e significativo que enfocasse a natureza do aluno-leitor e/ou a nature-

---

13. *Reading Research Quarterly*. Delaware: International Reading Association, 1975-1977. v. X, XI, XII,

14. *Cadernos de Pesquisa*. São Paulo: Fundação Carlos Chagas, n. 1 (1971) e 19 (1976).

za dos livros a ele apresentados. Por outro lado, é comum ouvir dizer que a produção e circulação de livros neste país é regida por critérios de vendagem tradição e *modismo*,[15] e não pela qualidade de suas informações.

Smith, em editorial produzido para o *Journal of Reading*, já lembrava que

> É essencial que saibamos mais sobre os fatores envolvidos na leitura eficiente, os interesses e preferências dos alunos-leitores numa sociedade em constante mudança, os efeitos da leitura em diferentes segmentos da população, os procedimentos apropriados para o ensino da leitura, as necessidades da leitura da população urbana (...) a lista poderia se estender interminavelmente (...) os estudos não precisam se originar do próprio investigador. As escolas estão frequentemente identificando os seus próprios problemas; poucas pesquisam a solução para esses problemas.[16]

Ainda que as palavras acima tivessem como destinatários os pesquisadores e professores americanos de 1968, a mensagem de alerta muito se aplica ao contexto educacional brasileiro do presente. A razão é bastante óbvia: em termos de resultados de pesquisa, pouco ou *quase nada se sabe* sobre a problemática da leitura nos três níveis educacionais e muito menos sobre os seus efeitos e procedimentos de ensino utilizados.

---

15. Osman Lins. "Uma disneylândia pedagógica", op. cit., p. 133-138.

16. Helen K. Smith. "Needed research in high school and college". In: *The Journal of Reading* Delaware: International Reading Association. December, 1968, p. 203-204. (Trad. por Ezequiel Theodoro da Silva.)

As raras indicações sobre as leituras realizadas pelo aluno brasileiro, surgidas de estudos ou levantamentos isolados, são bastante desoladoras. Nas palavras de Miranda e Carrari, por exemplo,

> As crianças quase não leem mais livros. Os adolescentes também não.[17]

Esta conclusão foi tirada depois que os autores entrevistaram 150 alunos do 1º e 2º graus do bairro de Santana (SP), crianças e adolescentes que, economicamente falando, não estariam impossibilitados de ler. Acredita-se que, mesma com uma amostra maior de sujeitos e com o controle de outras variáveis, os resultados não seriam diferentes; no contexto brasileiro o distanciamento entre o leitor jovem e o livro parece ser patente e visível.

Esse distanciamento é mais facilmente percebido quando o aluno adentra a universidade. Sabe-se, mais ou menos objetivamente, que existe uma insatisfação generalizada dos professores universitários quanto ao nível de desempenho de leitura dos alunos.[18]

Algumas universidades, baseadas em constantes reclamações de seus professores quanto ao desempenho verbal dos alunos, criaram cursos de recuperação em língua portu-

---

17. Fátima Miranda e Maria Stela Carrari. "Os inimigos da leitura". In: *Revista Escrita*, São Paulo: Vertente Editora, ano III, n. 26, p. 31.

18. Elza Miné da Rocha e Silva e outros. *Levantamento dos problemas de redação e leitura dos alunos do Curso Básico da PUC-SP.* Pesquisa não publicada. São Paulo: Pontifícia Universidade Católica, 1975.

guesa e os inseriram no conjunto de disciplinas do currículo do curso básico. Foram casos típicos: Pontifícia Universidade Católica de São Paulo, Universidade Federal de Minas Gerais. Universidade Estadual do Ceará e uma série de faculdades de menor porte. Nas faculdades de Direito, onde se trabalha principalmente com a manipulação de palavras, o problema relacionado com a *incomunicação* dos alunos ganhou uma imagem tragicômica, sendo amplamente divulgado pela imprensa.[19]

O despreparo do aluno, principalmente na parte de emissão de mensagens escritas, fez com que as autoridades educacionais decretassem a inclusão da redação no vestibular. Por outro lado, a crise de redação do estudante brasileiro gerou uma série de investigações relacionadas com a micro e a macroestrutura dos textos produzidos pelos vestibulandos. Após a inclusão da redação no vestibular, só o *Caderno de Pesquisas* (Fundação Carlos Chagas) trouxe cerca de 20 pesquisas sobre redação. Mas, se houve uma multiplicação de pesquisas na área de redação, o mesmo não aconteceu com a área de leitura — novamente se repetiu o fenômeno de que, em se tratando da comunicação verbal, os brasileiros parecem adotar uma atitude unilateral; pondo em relevo a emissão de mensagens (falar, escrever) e se esquecendo da recepção (ouvir, ler) das mesmas. Tal descaso faz pensar que, dentro do contexto brasileiro, aquilo que se chama *leitura* nada mais é do que um processo limitado de alfabetização, isto é, identifica-se o aluno-leitor com o estudante que supostamen-

19. "Mau uso do Português pode cassar advogados". In: *Folha de S.Paulo*, p. 6, 10/2/1978.

te aprendeu a ler (quase sempre de forma mecânica e inconsequente) na 1ª série do ensino fundamental, e é só!

As pesquisas educacionais brasileiras voltadas à problemática da leitura deixam muito a desejar — quantitativamente falando, existe escassez de investigações; qualitativamente falando, com raras exceções, existem levantamentos superficiais, ônticos, constatando o óbvio, ou seja, que são poucos os leitores neste país. Assim por falta de dados teóricos e empíricos mais iluminadores, perde-se ou esvai-se a possibilidade de uma pedagogia mais eficiente para a leitura realizada nas escolas.

A falta de pesquisas sobre leitura é contrabalançada pela ausência de bibliotecas escolares *devidamente equipadas*, isto é, com local apropriado, bibliotecário formado e atualização de acervo. O desenvolvimento do chamado "hábito de leitura" muitas vezes fica no nível do idealismo pela falta de livros e profissionais que atendam aos leitores. Por outro lado, de pouco valem as pesquisas sobre os interesses de leitura nas diversas séries, quando se sabe que esses interesses não serão alimentados através de obras diversificadas e de fácil acesso. Ressalta-se que a implantação de bibliotecas escolares é regida por lei (Decreto estadual n. 32.056, de 30/4/1958), mas...

Diante desse quadro, vê-se que a problemática da leitura apresenta-se como um enigma. Um enigma que não oferece pistas dadas pela pesquisa e nem condições estruturais concretas para a sua resolução — o que é paradoxal, devido à crise da leitura que atravessa o país. Ou será que o não desenvolvimento ou regressão na área da leitura atende a determinados interesses de dominação?

CAPÍTULO 2

Uma apreciação sobre os modelos clássicos de leitura

As inquietações voltadas ao estudo da leitura não foram poucas e parecem vir acompanhando o homem ao longo da história. A inquietação gera a dúvida; a dúvida pede resposta; a resposta gera a reflexão.

Várias ciências, através de abordagens específicas, propuseram diferentes modelos para explicar o fenômeno da leitura. Mais modernamente, em Comunicação fala-se de decodificação do receptor; em Linguística, de apreensão da estrutura profunda de frases; em Cibernética, de *feedback* do leitor; em Semiótica, de compreensão de signos; em Filosofia, de hermenêutica e exegese. Em Psicologia, que vem a ser o que realmente interessa na presente reflexão, a leitura tem sido explicada segunda a *linha* seguida pelo psicólogo, principalmente a organísmica.

Os modelos elaborados a partir de uma visão que enfoca o homem como um *organismo* que se comporta e/ou se adapta a diferentes ambientes assumem que a leitura pode ser explicada somente através de termos reducionistas, como algo corporificado e situado ou, ainda, como um *processo*. Vale a pena rever e analisar alguns desses modelos.

Modelos clássicos de leitura: revisão de literatura

Holmes (1954) propõe o que ele chama de *teoria dos fatores subjacentes* da leitura. Trata-se de uma tentativa de relacionar mecanismos de funcionamento do cérebro ao processo de leitura. Partindo do pressuposto de que o ato de ler, em termos de *resposta*, exige o agrupamento de células cerebrais ou subsistemas, Holmes tenta identificar e especificar o conjunto de habilidades (fatores) que compõem o processo de leitura. Os subfatores da leitura são conseguidos através de um procedimento estatístico — uma adaptação da técnica de regressão múltipla; assim, o ato de ler fica segmentado em termos de variáveis controladas, como, por exemplo, vocabulário em contexto, número de fixações, conhecimento de prefixos e sufixos etc.[1]

Smith e Carrigan (1959) oferecem um modelo de ato de ler, fundamentado em considerações neurológicas. Segundo os autores, a leitura eficiente depende de transmissões sinápticas adequadas; as crianças que apresentam dificuldades para ler são caracterizadas como possuindo transmissões

1. Jack A. Holmes. "Factors Underlying Major Reading Disabilities at the College Level". In: *Genetic Psichology Monographes*, January/June, XLIX, p. 3-95, 1954.

sinápticas defeituosas, devido a um desequilíbrio de acetilcolina (Ach) e colinacetinase (Che) no cérebro.[2]

Gray (1960) apresenta um elenco das habilidades que são acionadas durante a leitura: perceber a palavra, compreender aquilo que é lido, reagir às ideias apresentadas pelo autor e assimilar o texto. Ainda que discuta as habilidades separadamente, Gray deixa explícito que a leitura é *um ato unitário*, isto é, que as quatro habilidades operam simultaneamente. Em verdade, o autor parece dar pouca atenção ao processo de leitura — seu modelo é, antes de mais nada, um leque das competências exigidas para a efetivação de diferentes aspectos da leitura.[3]

Spache (1963), baseando-se nos trabalhos de Joy P. Guilford sobre o funcionamento do intelecto, propõe um modelo explicativo da compreensão em leitura.Tomando a célula *conteúdo semântico* do modelo guilfordiano, Spache alista um conjunto de trinta habilidades de leitura (resultado do cruzamento entre operações e produtos do intelecto). O modelo caracteriza-se como sendo uma classificação de habilidades a serem adquiridas pelo leitor, desde o reconhecimento de informações até o pensamento crítico.[4]

Robinson (1966) incrementa o modelo proposto por Gray (descrito anteriormente), adicionando um novo ele-

---

2. Donald E. P. Smith e Patrícia M. Carrigan. *The nature of reading disability.* New York: Harcourt, Brace & Co., 1959.

3. William S. Gray. "The Major Aspects of Reading". In: Helen M. Robinson (ed.). *Sequential Development of Reading Abilities*. Supplementary Educational Monographs, Chicago: University of Chicago Press, n. 90, p. 8-24, 1960.

4. George D. Spache. *Toward better reading.* Champaign: Garrard Publishing Co., 1963.

mento ou habilidade: velocidade da leitura. A autora redefine as habilidades propostas por Gray; assim, a percepção envolve reconhecimento e sentido de palavras; a compreensão envolve sentido literal e subentendido; a reação envolve julgamento intelectual e respostas emocionais (a assimilação não foi reelaborada). Ela ainda afirma que a velocidade da leitura é uma função da flexibilidade do leitor e natureza do texto.[5]

Goodman (1967), utilizando referentes psicolinguísticos, define a leitura como um processo seletivo — ela envolve a utilização parcial de pistas mínimas de linguagem disponível, selecionadas a partir de *inputs* perceptuais gerados pela expectativa do leitor. Propõe um modelo bastante complicado no qual inclui três tipos de memória, pistas gráficas, imagem perceptual, escolhas semânticas, decodificação e sentido. Caracterizando a leitura como um jogo de adivinhação e utilizando a teoria de sistemas para representar o processo de leitura, Goodman tenta visualizar a mente do leitor durante o ato de ler.[6]

Barrett (1968) propôs um outro modelo para o processo de compreensão em leitura. Revendo as taxionomias de Benjamin S. Bloom, Norris M. Sanders, Mildred C. Letton e James Guszak, através do procedimento estatístico da análise fatorial, Barrett elaborou o que ele chama de *Taxionomia das Dimensões Cognitivas e Afetivas da Compreensão.*

---

5. Helen M. Robinson. "The Major Aspects of Reading". In: Helen M. Robinson (ed.). *Reading: Seventy-Five Years of Progress.* Supplementary Educational Monographs, Chicago: University of Chicago Press, n. 96, 1966.

6. Kenneth S. Goodman. "Reading: A Psycholinguistic Guessing Game". In: *The Journal of the Reading Specialist.* May, 1967, p. 20-33.

Trata-se, mais especificamente, de uma classificação hierarquizada dos níveis cognitivos da compreensão: reconhecimento, memória, reorganização, compreensão inferencial, avaliação e apreciação. Segundo o autor, a compreensão não deve ser considerada uma habilidade unitária, impossível de ser controlada.[7]

Venezky e Calfee (1970) apresentam um modelo enfocando a competência em leitura. Tal competência é definida por meio de dois fatores: habilidade global de leitura (medida por um teste geral de habilidades básicas de leitura) e a razão w-o (correlação entre leitura oral e silenciosa). A partir de conceitos computacionais, o autor tenta correlacionar as características do material impresso (*input*) e o produto da leitura (*output*) — o processo é descrito em termos de variáveis intervenientes, ou seja, diferentes *estoques* (de letras, palavras, conhecimento temporário e integrado) acionados na mente do leitor.[8]

Apreciação dos modelos revistos

Outros modelos de leitura poderiam ser aqui descritos.[9] Porém a amostragem dos mais conhecidos e reconhecidos

7. Thomas C. Barrett. "Taxonomy of cognitive and affective dimensions of reading comprehension". In: Helen M. Robinson (ed.). *Innovation and Change in Reading Instruction.* Chicago: The National Society for the Study of Education, 1968. p. 19-23.

8. Richard L. Venezky e Robert C. Calfee. "The Reading Compe and Robert B. Ruddel (...). Delaware: International Reading Association, 1970.

9. Harry Singer e Robert B. Ruddel (eds.). *Theoretical Models and Processes of Reading.* Delaware: International Reading Association, 1970.

(principalmente nos Estados Unidos) já é suficiente para mostrar a pobreza, e portanto os defeitos, das abordagens organísmicas e funcionalistas que tentaram explicar o ato de ler. O ponto mais negativo, que transparece nesses modelos, parece ser a tentativa de segmentar um ato da consciência, colocando-o em termos de variáveis, isto é, habilidades, para efeito de controle e quantificação.

A leitura é sempre colocada como um evento desligado da esfera humana, caracterizada mais como um fenômeno físico que pode ser observado através de lentes de um microscópio. É patente a presença de termos reducionistas em diversos dos modelos descritos: processo, fator, sistema, transmissão, operação, produto, célula, *input*, taxionomia, estoque etc... O objetivismo do quantitativo impera; a integridade dos atos da consciência do homem, porém, é segmentada.

Não se pretende aqui buscar e discutir os pressupostos filosóficos e psicológicos para cada um dos modelos citados. O *produto* dos pesquisadores americanos é bastante explícito no que se refere à crença nas suas investigações em Ciências Sociais — a crença de que o homem é apenas um elo da escala filogenética e que, por isso mesmo, é possível e passível de ser controlado e *medido*. Não é difícil perceber, no elenco de modelos organísmicos de leitura, a estreita analogia entre mente humana e computador; a separação entre sujeito e objeto.

Por serem mecanicistas, o único valor (se houver) desses modelos é indicar que existe preocupação em torno da leitura como fenômeno. O problema maior é terem os investigadores procurado nas ciências exatas as respostas para uma problemática que é essencialmente humana.

A contradição explicativa que se evidencia nas analogias propostas parece em nada ajudar um inquiridor que pretende desvelar o ato psicológico de ler. Em outras palavras, a proliferação de modelos segundo padrões objetivos de mensuração somente contribuiu e contribui para ocultar o *humano* que se faz presente em todo ato de ler.

Ao término desta reflexão, é importante ressaltar algumas ideias de Lisboa, quando discute aspectos da cultura livresca:

> (...) um computador eletrônico pode acumular toneladas de dados sobre a vida e o mundo, mas isso não o transforma num sábio. Falta-lhe a centelha magnífica do conhecimento no singular — o que só é concedido ao ser humano, tenha ele uma grande cultura ou não.[10]

10. Luís Carlos Lisboa. *Olhos de ver*: ouvidos de ouvir. Rio de Janeiro: Difel, 1977, p. 82.

CAPÍTULO 3

Delimitação dos horizontes do trabalho

A inquietação inerente a este estudo volta-se, fundamentalmente, ao desvelamento sistemático do ato de ler. Desde o início e após refutar os modelos positivistas e funcionalistas que tentaram explicar a leitura, verifica-se que esta tarefa exige do inquiridor um trajeto de investigação que não fuja às características estritamente humanas da leitura. Por isso mesmo, busca-se na ontologia, hermenêutica, comunicação e na própria psicologia (não a behaviorista, mas a fenomenológica-existencial) aqueles dados que permitam perspectivar os elementos constitutivos do ato de ler, colocando-os dentro de uma estrutura significativa. Por outro lado, a busca de uma síntese a partir de diferentes perspectivas ou pontos de vista, discutindo e "entrelaçando" conceitos iluminados por discursos diversos, é que vai garantir a incisividade e profundidade, pretendidas nesta reflexão.

Em termos de categorização científica, trata-se de uma pesquisa de cunho teórico, na qual o investigador, para chegar a seus objetivos, utiliza-se da abordagem fenomenológica — parece que esta abordagem (ou "estilo"), por contrapor-se à análise atomista, torna-se a via de acesso mais coerente para se penetrar na complexidade estrutural do fenômeno sob investigação (leitura).

Abordagem fenomenológica — breve descrição

Todo fenômeno enquanto tal apresenta uma forma ou estrutura e possui, necessariamente, uma essência. Ao se situar diante de um fenômeno, na busca de compreender sua estrutura e essência, o inquiridor coloca entre parênteses sua experiência anterior e, guiado por sua consciência, designa, nomeia e dinamiza esse fenômeno no sentido de fazê-lo ganhar maior significação. Como os significados do fenômeno somente podem ser atribuídos através da linguagem ou discurso (aqui tomada como um atributo humano), o fenômeno é *logos*, isto é, tem possibilidade de ser tematizado e iluminado ou, ainda, descrito, sistematizado e comunicado.

O objetivo do enfoque fenomenológico em qualquer área do conhecimento é o aprofundamento da experiência imanente através do *retorno às coisas mesmas*. A fim de evitar uma possível polivalência semântica, deve-se tomar esse objetivo como uma postura diametralmente oposta ao método hipotético-dedutivo positivista, que parte de pressupostos já cristalizados entre os investigadores. Consequentemente, a expressão "retorno às coisas mesmas" (neste caso, o ato de ler) deve ser vista, no horizonte deste trabalho, como o inquérito sobre os fenômenos não adulterados por padrões científicos ortodoxos ou por categorias conceituais pré-concebidas.

O principal instrumento de conhecimento usado na abordagem fenomenológica é a *intuição.* Implícita na intencionalidade, a intuição é a forma de consciência na qual o fenômeno se dá originariamente, ou seja, é uma visão *direta* para dentro da situação ou contexto. Resulta daí que, na busca de dados para as intuições (isto é, no próprio delineamento do seu projeto), o pesquisador deve abrir-se para tudo que é pertinente, significativo e relevante sobre um determinado fenômeno.

O *encontro ou entrelaçamento* (intencionalidade) entre o inquiridor e os dados sobre o fenômeno específico é que vai gerar a *reflexão meditativa.* Nesta etapa, o pesquisador recompõe ou reúne as constituintes da estrutura do fenômeno, explorando as relações entre as essências que foram evidenciadas ou descobertas pela sua consciência. Resulta desse trajeto o significado ou o produto das reflexões feitas sobre os dados da experiência. Importante dizer que a intuição está presente em todas as etapas da investigação fenomenológica.

"O que se busca" — explicitação

Na sua intenção primeira, este trabalho localiza-se dentro do campo da Psicologia da Educação: busca-se um *novo paradigma* para o ato de ler, relacionando-o com a área educacional. O estudo das contribuições provenientes de áreas mais propriamente filosóficas se faz presente devido ao distanciamento, constatado através da História, entre a Psicologia e a Filosofia.

Pretende-se, então, re-descobrir (recuperar e sistematizar) aqueles dados mais fundamentais que o filósofo coloca frente aos olhos do psicólogo. Com isto, tenta-se colocar em questão e, se possível, ultrapassar o chamado "paradoxo da Psicologia", representado pela sua *simpatia* a modelos positivistas provindos das Ciências Naturais. Por outro lado, a tentativa de "ver" a leitura através de diferentes perspectivas, dentro de um projeto definido de busca, é não correr o risco de restringir o âmbito da tematização.

A *abrangência* deste inquérito volta-se à discussão que faz de diferentes perspectivas (ontológica, hermenêutica, comunicacional e psicológica); a *incisividade* deste inquérito procura encarnar, dentro de um tecido significativo, aquelas referências que mostrarem ser pertinentes para a elaboração de um novo paradigma representativo do ato de ler.

Vale repetir que não se trata de um trabalho de cunho filosófico — as contribuições da Filosofia têm por objetivo situar o tema da leitura dentro de um quadro mais amplo ou, ainda, dentro de um quadro geral mais rigoroso e consistente. Neste caso, ultrapassar os limites da Psicologia significa perscrutar uma estrutura mais global a fim de enriquecer a explicitação do fenômeno da leitura. Por outro lado, sabe-se que toda teoria psicológica encerra uma concepção de Homem — sendo assim, o estudo de dados filosóficos pertinentes impedirá a consideração, por parte do inquiridor, de conceitos que fogem ao estritamente *humano.* Por analogia, poder-se-ia dizer que o *pano de fundo* da reflexão é a Fenomenologia existencial hermenêutica — desse fundo o inquiridor retirará os elementos significativos para concretizar seu projeto.

Subjacente a todo encaminhamento desta investigação, está a seguinte pergunta: "Quais as possibilidades de existência que o texto escrito aponta ao leitor?" Isto significa que pretende-se investigar a natureza da leitura ou, em outras palavras, o que ocorre com o leitor no seu confronto significativo com o discurso escrito.

Na busca de respostas à pergunta colocada, ênfase é dada à dimensão psicológica do ato de ler. As respostas, quando encontradas e sistematizadas, serão imediatamente remetidas ao campo da educação.

Vale dizer ainda que o investigador, ao longo de seu trajeto de reflexão, está interessado numa psicologia essencialmente humana, isto é, fundamentada e encarnada numa filosofia que fale da existência do Homem na sua manifestação como leitor.

CAPÍTULO 4

(Quadro teórico) — Busca de fundamentos para uma explicitação do ato de ler

Na primeira parte deste trabalho pretendeu-se argumentar a favor de um maior número de inquéritos voltados ao desvelamento sistemático da leitura dentro do contexto educacional brasileiro. Foi também delineada a pergunta geradora da tese e a forma de abordá-la. Aqui a atenção estará voltada a um primeiro embasamento teórico, que permita ver o ato de ler como parte integrante e fundamental da vida humana.

Nesta primeira aproximação procurar-se-á inserir alguns pressupostos a respeito do ser que vivencia situações de leitura — tal tarefa é de extrema importância porque os atos da consciência (como o de ler, por exemplo) só podem ser colocados, única e exclusivamente, dentro da esfera do humano.

A circulação de sentido entre os homens é sempre levada a efeito através de *expressões sígnicas, presentes* em diferentes tipos de linguagem: oral, escrita, musical, corporal etc... Melhor especificando: as relações intencionais homem-mundo somente são possíveis de serem efetuadas porque existem diferentes linguagens que medeiam as situações específicas de comunicação. A este respeito, lembra Gusdorf

> A linguagem manifesta o ser relacional do homem (...) É através das palavras que o sentido será buscado, por sua mediação, como de um material do qual precisamos aprender a nos servir.[1]

Assim é que a busca, o processamento e a criação de informações são sempre realizados através de um tipo específico de linguagem. Por sua vez, a postura comunicacional do ser humano apresenta como pré-requisito a compreensão linguística em seus aspectos denotativo e conotativo; é exatamente este pré-requisito que permite ao homem chegar ao significado das coisas do mundo para si e voltar-se ao outro a fim de comunicá-las, através de expressões referenciais.

Dadas as limitações de espaço e tempo decorrentes do uso exclusivo da linguagem oral, o homem criou outras formas de representação a fim de assegurar maior acesso aos fenômenos da realidade, gerar e registrar produtos culturais e, assim, fazer história. É o próprio Gusdorf quem afirma:

> Há uma evolução da fala através dos tempos. A aparição de técnicas novas (para o registro da fala) multiplica o seu alcance, abrindo-lhe dimensões inéditas que transformam a estrutura

---

1. Georges Gusdorf. *A fala*. Trad. por Tito de Avilez. Rio de Janeiro: Editora Rio, 1977. p. 54-55.

> mesma da existência. O homem deixou de ser somente o homem que fala e se tornou o ser que escreve e que lê (...)[2]

Dentre outras, surgiu a linguagem escrita que permite o registro de acontecimentos físicos, afetivos, econômicos históricos, artísticos etc... Dessa forma, o mundo cultural passa a contar com mais um tipo de *sistema sígnico* (o escrito), que aumenta e facilita as possibilidades de expressão e comunicação humana. Mas o que significa dizer que este novo sistema sígnico — o código escrito — transforma a "estrutura da existência"?

Com o advento da escrita, favorecendo a difusão e o alcance do discurso, o homem passa de *ouvinte* a *leitor*. Ao lado do mundo da oralidade, caracterizado pelos atos de falar e ouvir, surge o mundo da escrita, caracterizado pelos atos de escrever e ler. Se no mundo da oralidade o homem se comunicava através do discurso falado (com a presença ostensiva de dois ou mais interlocutores), no mundo da escrita a comunicação se estabelece a partir de documentos escritos e leitores. Mais do que o oral, o texto escrito se oferece como informação "acabada", na qual a defasagem de tempo entre a produção e recepção tende a dissolver a possibilidade de diálogo.

Deve-se lembrar que a oralidade é o universo de referência da escrita, porém não se pode pensar a escrita como sendo uma simples transposição desse universo. Isto é: a escrita não fixa a linguagem oral, mas a transforma profundamente — o próprio autor, ao acabar de escrever seu texto

---

2. Idem, ibidem, p. 115.

morre como autor e transforma-se, ele próprio, num leitor. Existe uma certa tendência da escrita em se tornar uma manifestação discursiva plena e autossuficiente, que veda a intervenção do interlocutor (como seria o caso do diálogo falado) em função da qual se preencheu e se totalizou. Nesse sentido, aprender a ler é ter acesso a um mundo distinto daquele em que a oralidade se instala e se organiza.

Mesmo restringindo a possibilidade de diálogo, a escrita se transforma num recurso pelo qual o homem comunica as suas experiências (o surgimento do livro, das bibliotecas e da imprensa é a evidência mais clara deste fato). Em termos mais objetivos poder-se-ia dizer que os significados decorrentes das vivências humanas passam a ser veiculados também através do discurso escrito.

Para a compreensão desse discurso escrito — expressão referencial da fala humana e evocador de conteúdos culturais — e para a concomitante aquisição de significados, impõe-se, como um completamento, um *ato de ler*. Escrever e ler são atos complementares: um não pode existir sem o outro. O ato de ler envolve uma direção da consciência para a expressão referencial escrita, capaz de gerar pensamento e doação de significado.

A leitura (ou a resultante do ato de se atribuir um significado ao discurso escrito) passa a ser, então, uma via de acesso à participação do homem nas sociedades letradas na medida em que permite a entrada e a participação no mundo da escrita; a experiência dos produtos culturais que fazem parte desse mundo só é possível pela existência de leitores. Daí ser a escola uma instituição formal que objetiva facilitar a aprendizagem não só do falar e ouvir, mas principalmente do escrever e ler.

Mas o que, mais especificamente, envolve afirmações do tipo "O homem 'experiencia' situações de leitura em sua vida" ou "O homem participa da transformação de si mesmo através da leitura"? Esta questão, por envolver aspectos da própria existência humana, exige uma postura mais pessoal por parte do inquiridor.

A presença do ato de ler no projeto humano

Qualquer inquérito na área de Ciências Humanas deve ser efetuado a partir da *intersubjetividade* (um ser com os outros, falando sobre si). Sendo assim, passo a discorrer, no entremeio desta reflexão, com o pronome *eu* — com isso evito a impessoalidade, falo diretamente ao leitor e facilito, assim espero, a compreensão do objeto que é foco desta reflexão: o ato de ler.

O alargamento de *meus* horizontes bem como a descoberta de novos horizontes culturais somente são possíveis de serem efetuados através da intencionalidade de minha consciência ou sua direcionalidade para o objeto (*Visée de la conscience*).[3] Isto quer dizer que a consciência está sempre aberta para o mundo e que "consciência" significa sempre consciência de alguma coisa. Como afirma Schutz:

3. Maurice Merleau-Ponty. *Phénoménologie de la perception.* France: Éditions Gallimard, 1972.

> O caráter básico de nossas cogitações é o fato de serem "consciência de" alguma coisa. O fenômeno que aparece na reflexão é o objeto intencional da intenção, sobre o qual eu penso, o qual eu percebo, do qual eu tenho medo etc... Toda experiência é assim caracterizada não só pelo fato de que é uma consciência, mas também simultaneamente determinada pelo objeto da intenção da qual é uma consciência.[4]

A busca constante de minha existência e, portanto, de minha inserção no mundo é movida por atos que me colocam na situação de confronto com diferentes horizontes de significados. Existo e ganho a minha individualidade à medida em que desvelo e vivencio o plexo de significados, atribuído ao meu mundo, pelos outros e por mim.

Falo, ouço; escrevo, leio; volto-me ao outro, comunico-me. Situo-me com os outros; busco a união através das coisas do mundo. Esta busca é mediada por um determinado tipo de linguagem — sem ela inexistiria a possibilidade de expandir as minhas experiências e de participar da *transformação* da cultura. Ganho a minha existência, passo a existir, à medida em que me situo dentro do mundo *sígnico* que me envolve, dentro das linguagens captadas pela minha percepção e levadas até a minha consciência. Von Zuben lembra que

> *Ek-sistere* significa que o homem é um ser que se posta (*sistere*), projetando-se, voltando-se para o outro. É no face a face que o

4. Alfred Schutz. "Bases da fenomenologia". In: Helmut R. Wagner (org.). *Fenomenologia e relações sociais*: textos escolhidos de Alfred Schutz. Trad. por Ângela Melin. Rio de Janeiro: Zahar, 1979. p. 58.

homem se realiza com o outro: *ek-sistere* significa abertura ao outro que si mesmo.[5]

Sou também no mundo com os outros através de signos: a minha possibilidade de ser, de viver em propriedade, está em função de compreender e ser compreendido pelo outro com quem me comunico.

O mundo se me abre em forma de horizontes de conhecimentos, cada um deles pede a minha presença, a minha participação. É a penetração consciente nesses horizontes que garante o caráter ontológico de minha existência; emerjo como sujeito, sou, à medida em que me situo conscientemente nos objetos que compõem os horizontes com os quais me defronto.

Mas a minha presença consciente nos diversos horizontes da cultura demanda comunicação, requer emissão e recepção de significados, de ideias. A minha intencionalidade permite-me emitir e simbolizar os significados que aparecem a partir de minha inserção em determinado horizonte. O ato de escrever (simbolizar) permite ao outro compartilhar daquilo que vi; ao ler (compreender), compartilho daquilo que o outro viu — é nesse *situar-me contínuo* que se coloca toda a busca do meu SER. Sou mais ser-ao-mundo através da comunicação e, portanto, da leitura.

A escola, através da alfabetização, deveria ensinar-me uma *nova forma de ler* os horizontes determinados da cul-

5. Newton Aquiles von Zuber. "A emergência do sujeito e a educação". In: Antonio Muniz de Rezende (org.). *Iniciação teórica e prática às ciências da educação.* Petrópolis: Vozes, 1979. p. 199.

tura: a compreensão do discurso escrito em suas diferentes formas. Se antes comunicava através da audição e da fala, após a fase da alfabetização passaria a escrever e ler. Esses atos permitiriam a definição de novos horizontes, ou seja, aqueles veiculados através da escrita. Assim, a literatura, em suas diversas formas, aumentaria as minhas possibilidades de conhecer o outro e de me autoconhecer, alargaria as minhas alternativas de ver o mundo, permitiria a minha entrada e participação no mundo da escrita.

Ora, o domínio de novos signos (verbais escritos), definindo novos horizontes, novos significados e/ou novas alternativas, somente vem ampliar o meu projeto de existência, tanto em termos de participação cultural como em termos de autodeterminação, busca de autenticidade e vida em propriedade.

Leitura dentro do problema hermenêutico

Qualquer discurso sobre a leitura, visando ao desvelamento de sua natureza, seria incompleto sem uma reflexão sobre alguns dados propostos pela *hermenêutica,* vista aqui segundo a definição proposta por Ricoeur.

> Hermenêutica é a teoria das operações da compreensão em sua relação com a interpretação de textos.[6]

6. Paul Ricoeur. *Interpretação e ideologias.* Trad. e org. por Hilton Japiassu. Rio de Janeiro: Livraria Francisco Alves, 1977. p. 17.

Assim, uma via de acesso para se buscar um sentido mais profundo para a leitura é situá-la dentro das referências pertinentes, propostas pela Fenomenologia existencial hermenêutica. Com isto se ilumina, em bases mais concretas, a afirmação anterior de quer *ler é, antes de tudo, compreender.* Por outro lado, um embasamento filosófico voltado à ontologia da compreensão parece ser o melhor caminho para a fundamentação e sustentação de uma Psicologia da Leitura não distanciada da existência humana.

Se leitura é, antes de mais nada, compreensão, então o que vem a ser *compreensão*? Heidegger, na análise que faz da existência humana, assim a caracteriza:

> Compreensão é o Ser existencial da potencialidade-para-Ser da própria existência humana; e é assim de tal modo que este Ser descobre em si o de que seu Ser é capaz.[7]

Isto significa que o Homem ascende ao Ser, ou seja, preenche suas potencialidades, vem a ser, através da compreensão. Deve-se lembrar que, nos contextos fenomenológico e ontológico, o homem é um ser *no* e *ao* mundo e, por isso mesmo, estabelece para si projetos, coloca-se no "aí", a fim de se tornar aquilo que ainda não é.

Este *tornar-se* nunca é desprovido de compreensão. Assim, a saída da factibilidade (isto é, a condição do homem de ser lançado ao mundo sem sua vontade) vai depender de

---

7. Martin Heidegger. *Being and time.* Translated by John Macquarrie and Edward Robinson. New York: Harper & Row, 1962. p. 182. (Traduzido por Ezequiel T. da Silva.)

atos, orientados pela compreensão, que permitam ao homem objetivar e apropriar-se das coisas do mundo.

A ontologia heideggeriana ainda nos ensina que o Homem tem diante de si uma série infinita de possibilidades de SER, sobre os quais se projeta. A projeção em direção ao vir-a-ser, dentro de um horizonte de mundo, constitui a *inquietação.*[8] Existir autenticamente, dentro dessa perspectiva é inquietar-se e projetar-se em direção a uma possibilidade na tentativa de compreender essa possibilidade e, assim, passar a compreender a si mesmo no mundo.

Isto posto, existiria uma forma da leitura tornar-se uma fonte de inquietação e abrir-se como uma possibilidade de Ser para o Homem? É possível que uma mensagem escrita aponte novas possibilidades de existência para homem? A compreensão do mundo e a compreensão de si podem ser enriquecidas através da leitura? A busca de respostas parece exigir, num primeiro momento, uma melhor caracterização do conceito de *mundo.* Para Coreth

> (...) nosso mundo, a saber, o todo do nosso horizonte de compreensão, pelo qual se torna possível a compreensão de cada uma das coisas, é sempre um determinado "mundo linguístico", ou seja, um mundo aberto pela *linguagem, linguisticamente interpretado, linguisticamente mediado*, e isso numa língua sempre determinada, historicamente recebida por tradição, língua em que crescemos, em que vivemos e pensamos e na qual se realiza a nossa compreensão (grifos meus).[9]

---

8. Idem, ibidem, parágrafo 31, p. 182-188.

9. Emerich Coreth. *Questões fundamentais da hermenêutica.* Trad. por Carlos Lopes de Matos. São Paulo: EPU/Edusp, 1973. p. 43.

Esta referência remete ao fato de que a existência humana se manifesta, se concretiza através da linguagem. Mas a base ontológico-existencial da linguagem é o *discurso*, ou seja, o "encontro" homem-mundo articulado e expresso através de símbolos. Ora, se o discurso (oral ou escrito) tem uma dimensão de *expressão*, que documenta a vida, ela exige também uma dimensão de *recepção*, que procura interpretar e compreender o que foi documentado. A expressão e a recepção geram situações de *comunicação*: ao falar e ouvir, o homem comunica-se ostensivamente com o outro na *proximidade*; ao escrever e ler, o homem comunica-se, na *distância*, com as expressões referenciais do mundo (documentos), inscritas por outro numa determinada obra.

A obra do discurso, enquanto reveladora de um contexto existencial, deve conter em si proposições de mundo. Enquanto tal, a obra não responde (como faz o interlocutor de um diálogo), ela evoca, refere-se a — a referência da obra é a sua capacidade de abrir um novo mundo e adicionar novas possibilidades à existência do homem. Nestes termos, ler é o modo de manifestar a referência mediatizada através de uma obra ou, ainda, encontrar uma nova possibilidade de existir.

Se a *compreensão*, na perspectiva ontológica, significa habitar o mundo através de projetos existenciais, então a *leitura*, por necessariamente envolver compreensão, também vai significar uma *saída-de-si* ou um projeto de busca de novos significados. Por outro lado, se *compreender é* enriquecer-se com novas proposições de mundo, então *ler é* detectar ou apreender as possibilidades de ser-ao-mundo apontadas pelos documentos que fazem parte do mundo da escrita.

COMPREENSÃO E INTERPRETAÇÃO — Um documento escrito, quando simbólico, tem a capacidade de evocar uma multiplicidade de significados ao ser confrontado por diferentes leitores ou por diferentes leituras. A abertura do leitor para esse documento, em si contendo uma constelação de possibilidades de significação, exige um trabalho interpretativo no sentido de *destacar* aqueles aspectos que serão apropriados pela compreensão.

Ricoeur assim define a interpretação:

> (...) é o trabalho de pensamento que consiste em *decifrar* o sentido oculto no sentido aparente, em *desdobrar* os níveis de significação implicados na significação literal (grifos meus).[10]

O projeto de busca da referência do documento escrito (obra) vai, então, colocar o leitor diante de uma tarefa hermenêutica: aquela da decifração e desdobramento dos símbolos impressos que tem diante de si. Importante ressaltar que a referência do documento (ou seja, o conteúdo de sentido que foi destacado pelo leitor através da interpretação) é sempre *idiossincrática*, pois depende do repertório experiencial do leitor.

A tarefa interpretativa inerente à leitura pode ser ainda melhor explicitada através das seguintes palavras de Ricoeur:

---

10. Paul Ricoeur. O *conflito das interpretações*. Trad. por Hilton Japiassu. Rio de Janeiro: Imago Editora, 1978. p. 15.

> (...) o texto deve poder, tanto do ponto de vista sociológico quanto do psicológico, *descontextualizar-se* de maneira a deixar-se *recontextualizar* numa nova situação: é o que justamente faz o ato de ler (grifos meus).[11]

As tarefas de descontextualização e recontextualização, empreendidas dentro de um projeto prévio da compreensão do documento, é que vão mais propriamente caracterizar a interpretação. O trabalho interpretativo, portanto, revela-se como o *desvelamento*, *elaboração* e *explicitação* das possibilidades de significação do documento, projetadas pela compreensão. Em última análise, pode-se dizer: a interpretação des-cobre aquilo que a compreensão projeta.

A estrutura do ato de ler na perspectiva comunicacional

Procura-se, aqui, situar o ato de ler no contexto da comunicação humana Para superar qualquer caracterização simplista, que coloca o ato de ler como mera interação receptor-mensagem, busca-se na Fenomenologia algumas descrições que permitem uma reflexão mais profunda sobre a questão.

Deve ficar claro que, através desta discussão, tenta-se ultrapassar os limites do *como* (facilmente conseguido em manuais de comunicação ou de leitura), para se chegar ao horizonte dos *porquês*. Isso é necessário na medida em que

---

11. Paul Ricoeur. *Interpretação e ideologias*. Trad. e org. por Hilton Japiassu. Rio de Janeiro: Livraria Francisco Alves, 1977. p. 53.

tal penetração fenomenológica permite o descarte do ante-os-olhos (pronto-à-mão), colocando o inquiridor em face das essências.

Assim, os conceitos de *fenômeno* e *estrutura* evidenciam-se como sendo um bom ponto de partida

> FENÔMENO: aparece como uma estrutura, reunindo dialeticamente na intencionalidade, o homem e o mundo, a significação e a existência. ESTRUTURA: multiplicidade unificada por uma ordem, cujo sentido é correspondência intencional a uma situação existencial.[12]

O que significa, neste ponto, referir-se ao ato de ler como fenômeno? Significa descrevê-lo a partir de outro ponto de vista — o fenomenológico — a fim de des-cobrir outros de seus aspectos, os essenciais.

Quais são os aspectos da comunicação que os conceitos de *fenômeno* e *estrutura* levam o inquiridor a descobrir? O fenômeno não é mais desvelado como uma simples estrutura dinamizada pelas relações superficiais entre os seus elementos; ele se desvela, isto sim, como uma estrutura dinamizada pela reunião da existência Homem-Mundo. Mais especificamente: o fenômeno da comunicação deixa-se conhecer como uma estrutura que reúne uma multiplicidade de elementos distintos e únicos, em torno de um eixo ou de uma ordem cujo sentido é dado pela correspondência intencional entre seus elementos e o mundo.

---

12. Antonio Muniz de Rezende. *Fundamentos filosóficos da educação.* Campinas: FE-Unicamp, 1978 (apostila não publicada).

A intencionalidade que *movimenta* essa correspondência dialética, também deve ser melhor explicitada: ela produz a unidade natural e não predicativa do mundo e da vida, estando presente em todos os atos humanos. É ela, também, a geradora do texto que o conhecimento do inquiridor tenta traduzir numa linguagem precisa. Intencionar através de atos ou compreender fenomenologicamente é chegar à coisa como uma forma peculiar de existir; é situar-se na coisa a fim de captar a sua essência.

Pode-se dizer que a um eixo horizontal, caracterizador do ato de comunicar (isto é, da relação emissor-receptor), deve-se acrescentar um eixo vertical, representativo da correspondência intencional e significativa desses elementos com o mundo.

Esquematicamente,

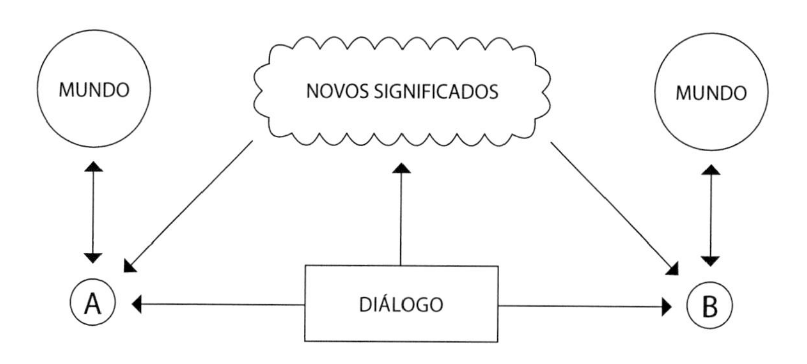

A partir desse esquema começa-se a perceber, na situação de comunicação (redação, leitura etc...), uma *estrutura fenomenal*. Isto quer dizer que nessa estrutura pode-se constatar:

a) uma multiplicidade de elementos que integra a mesma significação estrutural e cuja descrição se faz necessária para o reconhecimento dessa significação;
b) que essa multiplicidade se encontra unificada por uma *ordem*, cuja função é dinamizar e manter o relacionamento entre os elementos;
c) que essa ordem não é imposta ou externa à situação; pelo contrário, é uma ordem que emana das próprias relações entre os elementos, gerando significado;
d) que o significado ultrapassa o espaço da comunicação, achando-se íntima e essencialmente relacionado à existência humana, na sua forma *histórica* e *cultural*.

Isto posto, um fenômeno da comunicação deixa de ser somente o emissor, uma mensagem e um receptor (conforme os esquemas simplistas do canal de comunicação). Ele passa, agora, a definir-se pela estrutura SER-NO-MUNDO-COM-OS-OUTROS-ATRAVÉS-DE-SIGNOS; sendo assim, passa a ser uma superestrutura na qual pode ser subsumido o ato de ler. Mas os elementos da comunicação (esquematizados anteriormente) ainda pedem uma melhor caracterização:

ESTRUTURA DO SUJEITO (EMISSOR) — O sujeito do discurso, enquanto Ser-Homem, constitui-se numa multiplicidade de aspectos que, uma vez descritos, possibilitam seu reconhecimento e identificação. Enquanto SER-NO-MUNDO-COM-OS-OUTROS, vive a experiência fenomenal e do frente-aos-olhos (intersubjetiva, histórica e cultural), assumindo, através dela, a sua forma de existência. Seu relacionamento com o mundo se dá através da intencionalidade (isto é, da *consciência* dialética homem-mundo).

ESTRUTURA DA MENSAGEM — A mensagem, enquanto expressão de um sujeito, é portadora de um significado. Significado este gerado pelo diálogo do seu criador com o mundo. Como tal, a mensagem é uma estrutura que se supera, sempre remetendo o leitor à estrutura dessa relação dialógica. Enquanto *comunicativa*, destina-se a um receptor (leitor, ouvinte, espectador etc...) e se encontra estruturada por um código linguístico.

ESTRUTURA DO CÓDIGO — Um código instituído ou convencionalizado é uma estrutura na medida em que dele faz parte uma multiplicidade de elementos cuja expressão referencial se evidencia através das relações de oposição, existentes entre esses elementos. Em se tratando de comunicação, um código instituído significa um *campo de compreensão*: domínio comum aos dois polos da comunicação. Como qualquer mensagem, por ser humana, é uma mensagem do mundo, o código também deve ser representativo desse mundo. Sendo assim, o código não pode ser um sistema fechado, mas um sistema que se reconstrói a partir da constante renovação e transformação do mundo.

ESTRUTURA DO MUNDO — O mundo é a estrutura que se constitui através e a partir das diversas formas de intersubjetividade dialética homem-mundo. Define-se como uma complexidade de aspectos significativos ou de regiões de significado (horizontes), que se relacionam entre si. Para a Fenomenologia, o mundo não é uma realidade objetiva ou sequer um dado abstrato e universal, mas é *um* mundo, histórico e cultural. Sendo assim, é possível falar de um mundo que se define e que tem a sua própria fisionomia: aquele que o grupo humano lhe deu através de sua existência.

A estrutura do mundo é a estrutura do discurso, enquanto um discurso *vivido* que gera mensagens ou significados. A circulação desses significados acontece ou concretiza-se através da comunicação, aqui entendida como diálogo existencial. A Fenomenologia apresenta um *mundo humano*, região de sentido e de valores, que não é possível de ser concebido sem o homem — um mundo que é *projeto* na medida em que se abre à existência do homem; um mundo que, através do trabalho humano, gera mensagens significativas; um mundo que se volta para o homem e o interpela: *um mundo comunicativo.*

O enfoque fenomenológico para os canais de comunicação abre caminhos para uma compreensão do ato de comunicar e, consequentemente, para a explicitação do ato de ler. Para isso é ainda necessário que cada um dos elementos seja analisado no desempenho de suas funções, isto é, enquanto sujeito do discurso (emissor), mensagem em circulação e receptor da mensagem (leitor). Isso se fundamenta no fato de que o *fenômeno só se desvela quando vivido por um sujeito*.

Tal análise é colocada em seguida a fim de que se possa adicionar, no desenrolar da reflexão, alguns aspectos relacionados com o fenômeno da educação. Em outras palavras: tenta-se buscar a caracterização do ato de ler a partir da problemática comunicacional, mas procurando dirigir as conclusões para o contexto educacional.

O ato de ler no diálogo educacional

Da mesma forma que somente tem sentido discorrer sobre comunicação enquanto ATO DE COMUNICAR, falar em leitura é referir ao ATO DE LER, existencializado por um sujeito-leitor na sua trajetória de vida ou no seu constante vir-a-ser. Consequentemente, a análise do ato de ler deve ser inserida, definitivamente, no contexto do diálogo existencial, em suas diversas formas.

O fenômeno da educação ocorre no interior do fenômeno da existência humana, pois a educação somente se concretiza no homem, pelo homem e para o homem que, através dos objetos de sua percepção, mostra (aponta para) um horizonte externo. Esclarecendo: a totalidade dos objetos da percepção está unida ao campo total de percepções e cada objeto surge como uma figura especial no horizonte de significados. A percepção real dos objetos inclui necessariamente o seu horizonte. Dessa forma, há vários horizontes no mundo para o homem à medida em que vai percebendo os diferentes objetos da cultura.

Nesse sentido, educação é o exercício da liberdade do homem para estruturar o seu projeto de existência, para viver os diferentes horizontes da cultura.

A existência humana se realiza através da dialética homem-mundo. Educação é o resultado dessa dialética; como tal evidencia-se como sendo um projeto através do qual o homem *apreende* os significados que estão em circulação no interior do seu mundo histórico e cultural. Esta *apreensão* é dialética por que o homem somente existe enquanto dialoga — no diálogo recorrente das várias épocas, a verdade plena vai paulatinamente abrindo caminho através do choque de posições antagônicas. A dialética é, enfim, a lei fundamental do Ser.[13]

Nesse sentido, educação é o projeto de conscientização do mundo; de hominização, mesmo porque homem e mundo são elementos inseparáveis.

Mas homem e mundo sempre se configuram num contexto histórico e cultural; sendo assim, um mundo que não esgota ou abarca todos os mundos, isto é, o mundo presente não é a única possibilidade. É por isto mesmo que educação é *projeto* (mais do que processo), pois recuperando os significados em circulação no contexto social, pode propor outros, abrindo perspectivas para novas formas de existência.

A partir disto, fica ainda mais claro que educação é *transformação* do homem e do mundo. Para que essa transformação se estabeleça, é necessário que o homem se movimente de um lugar significado para outro, isto é, pratique em sua vida o exercício dialético da libertação. No ato de libertar-se, isto é, de tomar consciência da sua necessidade é que o ato de ler passa a ganhar a sua significação maior e primeira.

---

13. Maurice Merleau Ponty, op. cit.

Realmente, se a educação for tomada como *projeto*, a importância das mensagens escritas e do ato de ler torna-se bastante evidente. Uma mensagem escrita deixa de ser o mero conteúdo informativo para se transformar no *pretexto* (condição) para a formação da consciência crítica. Mais especificamente: o documento escrito deixa de ser o simples instrumento de produção que o professor fornece ao aluno, para transformar-se num a *partir de*, veiculador da tradição histórica e cultural, passada e presente.

No diálogo educacional e, portanto, existencial, a mensagem escrita assume o papel de um horizonte cultural possível, tendo algo a dizer ou uma ideia significativa a propor. Representa, pois, o *ponto de partida* — a partir dele o professor e o aluno desenvolvem a reflexão para a conscientização. Funciona, metaforicamente falando, como um trampolim para o mergulho no conhecimento; e deixa de ser conhecimento dado ou "pronto-à-mão", verdadeiro ou absoluto (o que poderia caracterizar ou gerar um tipo de leitura mecânica ou decorativa).

Para assumir esse novo papel, quais as exigências que devem ser atribuídas à mensagem didática escrita? Uma primeira diz respeito ao seu criador (emissor): o texto deve ser *expressivo* do diálogo existencial entre o seu criador e o mundo, isto é, *representativo* da sua caminhada para fora de si mesmo, da sua penetração em horizontes da cultura. Sendo expressivo, estará sendo *original*. Sendo representativo, estará sendo *relativo*: *um* homem, *um* mundo, *um* ponto de vista.

A segunda exigência diz respeito ao contexto no qual o documento escrito se insere. O contexto não é outro senão o mundo histórico, cultural e existencial. O documento deve objetivar esse mundo a fim de permitir a *observação* por parte do aluno-leitor; deve, em outras palavras, expressar o mundo em sua significação, simbolizando a sua estrutura.

A terceira exigência da mensagem é que ela deve voltar-se ao aluno-leitor. Não basta ao documento escrito ser expressivo do ser-no-mundo, é necessário que ele se constitua numa *tentativa de comunicação com o outro*, pois o "texto" só se manifesta à medida em que é lido. Comunicativo é, então, o documento que provoca, questiona, interpela e dá a sua palavra, levando em conta a presença do leitor em situação de aprendizagem.

A quarta exigência diz respeito à linguagem, código por excelência, através da qual veicula-se a mensagem escrita. Esta deve constituir-se, antes de mais nada, no *campo de compreensão* do diálogo. Deve ser *criativa* para o emissor (isto é, permitindo-lhe expressividade máxima) e *simbólica* para o leitor, ou seja, permitindo-lhe a atribuição de significado. Estas são funções que cabem ao código somente por força de expressão, pois na verdade a língua é produzida pelo homem e somente existe através dele.

Uma quinta e última exigência diz respeito à própria participação ou presença da mensagem escrita no diálogo educacional. Ela deve ser ABERTA a fim de permitir a concretização do diálogo. Isto é: a presença do documento escrito, na situação em que o homem se coloca para atribuir significados, significa uma QUESTÃO ou DÚVIDA. Como toda questão existe para ser respondida, a resposta à mensagem escrita é o próprio ATO DE LER, o exercício do leitor no diálogo educacional.

Leitura crítica — Explicitação

A leitura crítica é condição para a educação libertadora, é condição para a verdadeira ação cultural que deve ser implementada nas escolas. A explicitação desse tipo de leitura, que está longe de ser mecânica (isto é, não geradora de novos significados), será feita através da caracterização do conjunto de exigências com o qual o leitor crítico se defronta, ou seja, CONSTATAR, COTEJAR e TRANSFORMAR.

É importante ressaltar que essas exigências não são definidas em termos de um conjunto de habilidades segmentadas (o que seria operacionalizar algo não operacionalizável). Pelo contrário, trata-se de uma constelação de atos da consciência, que são acionados durante o *encontro* significativo do leitor com uma mensagem escrita, ou seja, quando o leitor se situa no ato de ler. É este *situar-se* (isto é, estar presente com e na mensagem) que garante o caráter libertador do ato de ler — o leitor se conscientiza de que o exercício de sua consciência sobre o material escrito não visa o simples reter ou memorizar, mas o compreender e o criticar.

A *constatação* do significado do documento escrito nada mais é do que sua compreensão. O leitor crítico, movido por sua intencionalidade, desvela o significado pretendido pelo autor (emissor), mas não permanece nesse nível — ele reage, questiona, problematiza, aprecia com criticidade. Como empreendedor de um projeto, o leitor crítico necessariamente se *faz ouvir*. A criticidade faz com que o leitor não só compreenda as ideias veiculadas por um autor, mas leva-o também a posicionar-se diante delas, dando início ao *cotejo* das ideias projetadas na constatação.

Através dos atos de decodificar e refletir (implícitos na constatação e cotejo), novos horizontes abrem-se para o leitor, pois ele experiencia outras alternativas. Mas o encontro de novas alternativas somente pode ser plenamente efetivado na *transformação*, ou seja, na ação sobre o conteúdo do conhecimento, neste caso o documento escrito, proposto para leitura. Por outro lado, caracterizar a práxis da leitura em termos de constatação, cotejo, transformação por parte do leitor, nada mais é do que excluir qualquer aspecto opressor de uma mensagem escrita (ou do uso que se faz dela); é, ao contrário, colocá-la em termos de uma *possibilidade para a reflexão e recriação*.

A leitura crítica sempre leva à produção ou construção de um outro texto: *o texto do próprio leitor*. Em outras palavras, a leitura crítica sempre gera *expressão*: o desvelamento do SER do leitor. Assim, este tipo de leitura é muito mais do que um simples processo de apropriação de significado; a leitura crítica deve ser caracterizada como um PROJETO, pois concretiza-se numa proposta pensada pelo ser-no-mundo, dirigido ao outro.

CAPÍTULO 5

O ato de ler explicitado

Portar-se humanamente é intencionalmente situar-se no mundo, buscando e atribuindo significados. Esse "portar-se" se manifesta através de atos conscientes que geram experiências.

A consciência situa o homem como um projeto no mundo. *Mundo* significa algo não-pronto ou possuído, em direção do qual a consciência está sempre se dirigindo; trata-se, mais especificamente, de uma individualidade pré-objetiva, cuja unidade determina o conhecimento que se constituirá como objetivo.

Nesse sentido, deve-se distinguir entre a *intencionalidade do ato* (como o de julgamento, por exemplo), ocasionado quando o sujeito assume voluntariamente uma determinada posição, da *intencionalidade operativa*, que produz a unidade natural do mundo e da vida.[1] A intencionalidade

1. Maurice Merleau Ponty op. cit.

operativa está presente nos desejos humanos, nas avaliações. e naquilo que se vê — está mais objetivamente no mundo externo do que no conhecimento objetivo, fornecendo os elementos que o conhecimento traduz numa linguagem precisa. O relacionamento entre o homem e mundo (que está presente dentro do homem) não se apresenta de forma clara, que possa ser submetido a uma análise — ele (o relacionamento) pode estar presente, isto sim, para uma ratificação a ser feita pelo próprio homem.

A *Fenomenologia* é uma ciência das origens; por isso mesmo, a compreensão fenomenológica distingue-se das formas tradicionais de intelecção, que se limitaram às naturezas "verdadeiras e imutáveis". Compreender, na acepção fenomenológica, é assumir o objeto compreendido na intenção total; não é meramente captar as propriedades das coisas percebidas, mas *assumir* o modo peculiar de existência do objeto, expresso através das propriedades e dimensões das coisas.[2]

Pode-se afirmar, portanto, que sempre é preciso partir da compreensão dos significados existenciais que todas as coisas possuem. Como o homem evidentemente está no mundo, a ele (homem) se destina a descoberta dos significados e não pode ele agir ou falar sobre qualquer assunto sem que esta ação ou fala adquira uma designação. Designação esta que, necessariamente, adquire um caráter simbólico e referencial.

Talvez a maior contribuição da fenomenologia, às formas de reflexão humana, seja ter unificado um objetivismo

2. Maurice Merleau Ponty op. cit.

extremo e um subjetivismo extremo, através das ideias de mundo e de racionalidade. Esta racionalidade é *medida* através das expressões ou desvelamento das experiências ou, mais especificamente, do *surgimento do significado*.[3]

A busca e a consequente apreciação dos modelos prontos da leitura mostrou que nenhum deles se adapta à intencionalidade do presente inquérito, principalmente porque pareceu não existir uma direcionalidade da consciência para o objeto, que é a leitura. Em termos de postura assumida, então, refuta-se nesta reflexão qualquer proposta que explique o ato de ler segundo padrões funcionalistas, experimentais ou naturalistas.

É importante lembrar que a utilização de um modelo em muito facilitaria a compreensão do ato de ler. Porém, pelo que foi explicitado na análise anterior, isso significaria a preservação e continuação de uma teoria (ou teorias) cujos pressupostos derivam-se de uma *visão positivista do homem*. A explicitação do ato de ler, bem como a elaboração de um modelo descritivo para a leitura, só podem ser feitas dentro de um *enfoque fenomenológico e ontológico* — é somente esse enfoque que permite a consciência da essência do ato de ler.

Procura-se, nesta parte do estudo, buscar em Husserl e seus sucessores alguns fundamentos que melhor direcionem a reflexão. Portanto, ao buscar um significado para a leitura como fenômeno, procura-se ontológica e fenomenologicamente compreender o ato de ler.

---

3. Idem, ibidem.

Segundo Merleau-Ponty,

> Nunca há (...) pensamento que seja completamente pensamento e não peça a palavras o meio de aparecer a si mesmo. Pensamento e palavras descontam-se reciprocamente. Substituem-se continuamente um ao outro (...) Todo pensamento vem das palavras e para elas regressa, toda palavra nasceu em pensamentos e neles termina.[4]

Ao arquitetar, portanto, uma estrutura psicológica para o ato de ler (o que é proposta desta reflexão), o inquiridor deve lançar mão de sua competência linguística ou do seu domínio da linguagem natural. Tarefa difícil, pois o voltar-se à coisa-mesma (isto é, ao sujeito-leitor e à experiência resultante do ato de ler) pede uma linguagem "límpida": livre e distante dos diversos — *ismos* que impregnam a Psicologia.

Não é propósito deste estudo reivindicar a descoberta de todas as condições necessárias para a *leitura* em *geral.* Leitura como um recurso humanamente utilizado é um conceito comum, esparsamente distribuído na sociedade, historicamente construído e, por isso mesmo, parte da vida em comunidade. A própria natureza do fenômeno apresenta diversas facetas que são acessíveis e interpretáveis através da linguagem; anula-se, dessa forma, a garantia geralmente aceita de que qualquer conjunto de exemplos vai evidenciar *todas* as propriedades do ato de ler. Portanto, quaisquer reivindicações somente podem ser dirigidas a um determinado

---

4. Maurice Merleau-Ponty. *Sinais*. Trad. por Fernando Gil. Lisboa: Editorial Minotauro, 1962. p. 28 e 29.

tipo de leitura: aquela que é objeto desta análise, ou seja, a leitura crítica, geradora de significados.

Toda e qualquer leitura sempre envolve algo lido, ou melhor, não há o que *ler* a menos que algo seja lido. Como um ato da consciência, o ato de ler *implica num objeto e refere-se a um conteúdo.*[5]

Mas de todas as coisas que possam ser lidas (ou confrontadas pelo ato de ler), como signos icônicos ou imagéticos, gestuais, sonoros etc... o interesse aqui volta-se à leitura do documento escrito, que utiliza signos impressos — esses signos são expressões que demonstram, também, sua função de significação.[6]

É importante ressaltar ainda que nesta tematização a leitura não é vista como um evento momentâneo, fragmentado, desligado do ser humano situado; pelo contrário, leitura é aqui entendida como o caminho seguido pelo leitor em seu projeto de descoberta e atribuição de significados a documentos impressos, dentro da sua cotidianeidade ou facticidade. O interesse volta-se, então, mais especificamente, à *atividade consciente* de ler um documento escrito.

A mensagem a ser lida é sempre palpavelmente encontrada no mundo, isto é, na cotidianeidade da vida do leitor. É dessa e nessa vida que o "lido" ganha significado. E é exatamente aqui que a teoria do significado de Husserl ganha

5. Herbert Spiegelberg. *The phenomenological movement*: a historical introduction. Netherlands: Martinus Nijhoff, 1971. v. 1, Part One, Franz Brentano (1838-1917): *Forerunner of the phenomenological movement*, p. 27-52.

6. Edmund Husserl. *Recherches logiques.* Trad. de l'Allemand par Hurbert Elie, Arion Kelkel et René Scherer. Paris: Presses Universitaires de France, 1969. t. 2.

em importância: ela é uma tentativa de levar em consideração as várias facetas da nossa experiência e transação com o significado, sem abranger preconceitos metafísicos e epistemológicos.

Quando o leitor penetra no mundo proposto pelo documento escrito, este se abre ou se desvela em *horizontes de concretude e familiaridade*,[7] que os torna essencialmente pré-conhecidos em termos de sua natureza.

Exemplificando: antes mesmo de iniciar a leitura deste trabalho, o leitor já o conhecia em termos de sua natureza: uma tese sobre leitura. Ele aparece ou se manifesta através de um formato mais ou menos familiar, que o leitor conhece concretamente: é uma coisa para ler. Através de direções de sua consciência, o leitor foi capaz de pré-reflexivamente selecionar os procedimentos para ler o documento a fim de chegar ao significado a ele atribuído. Antes de explicitar tais procedimentos, deve-se assinalar que, caso o leitor não tivesse nenhuma experiência prévia sobre este tipo de documento, ele nada poderia constatar, cotejar ou projetar; em realidade, ele nem saberia como e por onde iniciar sua leitura.

O ato de ler requer uma mudança focal por parte do leitor e a manutenção desse enfoque sobre as expressões impressas. Essa mudança focal requer, necessariamente, ir às coisas mesmas, a fim de colocar algo entre parênteses dentro de um fundo cênico — esse fundo cênico é aqui entendido como sendo o próprio *documento material* que se

7. Alfred Schutz, op. cit., p. 27.

apresenta à percepção do leitor. Entretanto, o documento não é percebido através de um esquema interpretativo que o apreende como uma simples coisa material, ou seja, como meros sinais alinhados sobre uma página. Muito ao contrário: *aí estão os signos como significantes.*

Os signos significantes têm, além de uma função de manifestação, uma função comunicativa, isto é, eles funcionam como índices que, durante a situação de leitura, remetem aos significados fixados pela escrita. No nível sígnico, ainda, o documento transforma-se num produto da cultura, que depende, para a sua autenticidade, dos princípios e procedimentos unificadores (língua, gramática, sentido etc...) estabelecidos por uma comunidade. Por outro lado, é importante ressaltar que os signos que compõem um documento remetem o leitor a um *texto*, ou seja, a uma estrutura de significados. Consequentemente, a leitura *supera* o documento impresso (que é real e presente-à-mão) para atingir ou desvelar o *texto*, cujo modo de existência vai depender do *conjunto de experiências* do próprio leitor.[8]

Poder-se-ia dizer que através de seus olhos o leitor capta os signos impressos no documento, mas a sua consciência dirige-se ao desvelamento dos significados que formam o texto. Essa ultrapassagem é muito bem escrita por Merleau-Ponty, quando diz que

> No próprio momento em que a linguagem enche o nosso espírito até aos bordos, sem deixar lugar a um pensamento que não seja colhido na sua vibração, e na medida justamente em que à

---

8. Alfred Schutz, op. cit., p. 74.

> linguagem nos abandonamos, passa para lá dos *sinais* e até ao sentido (grifo do autor).[9]

Durante a atividade de leitura, como já foi visto, um horizonte se propõe para o leitor. Porém deve-se atentar para o fato de que qualquer horizonte concebível pode ser encontrado na leitura, aqui entendida como sendo um *objeto de discurso* (daí as centenas de formas de Literatura). E, como objetos de discurso, as *coisas podem mudar*, isto é, tornam-se *possibilidades.* Isto parece sugerir que, em parte, a importância da palavra escrita como um fenômeno não se esgota nela mesma, mas na ação de atribuição de significado, exercida por um leitor. Esta ação, por sua vez, requer uma mudança focal de atenção por parte do leitor.

Schutz chama a manutenção da atenção sobre um objeto de *tensão da consciência.*[10] Isto parece sugerir que o ato de ler envolve uma tensão (estado atento) da consciência do leitor, em seu trajeto de encontrar ou compreender o sistema de relevância determinado ou estabelecido no interior do texto. Ora se se tomar o conceito de relevância, corno proposto por Gurwitsch,[11] pode-se verificar que as relevâncias temáticas do texto são, de certa maneira, importantes ao leitor; assim, *a leitura é um trajeto no qual e para o qual o texto é o ponto de direção da consciência.* E isso parece ser verdadeiro mesmo quando ocorre o caso

9. Maurice Mearleau-Ponty. *Sinais*. Trad. por Fernando Gil Lisboa: Editorial Minotauro, 1962. p. 63.

10. Alfred Schutz, op. cit., p. 316.

11. A. Gurwitsch. *The field of consciousness.* Pittisburg: Duquesne University Press, 1964.

de uma leitura cujo texto é ambíguo, pois ser mal dirigido é ainda ser dirigido...

Exemplificando: o leitor apresenta uma intenção básica para ler este documento; essa intenção pode ser expressa através das perguntas Por *que ler?* e *Para que ler?* Bastante interessante é o fato das intenções do leitor não se configurarem necessariamente, como sendo idênticas às minhas (neste caso, o autor do texto). É exatamente esse *desequilíbrio* de intenções que enriquece ou torna importante a análise fenomenológica da leitura. Dependendo das suas relevâncias intencionais, entretanto, o leitor poderia tentar formular, a nível verbal, as intenções últimas que me levaram a organizar este texto. Tal formulação, dirigida a um possível questionamento, é de relevância interpretacional, mesmo porque estabelece o diálogo necessário à compreensão dos significados inerentes ao texto. Por outro lado, enquanto eu, através do documento, possa oferecer índices ou instruções para o leitor desvelar a estrutura subjacente pretendida, exige-se ou espera-se que ele apresente uma *bagagem experiencial* relevante a fim de que sua consciência possa dirigir-se durante a leitura. Alguns itens dessa bagagem são descritos a seguir.

Uma primeira exigência para a atribuição de significados a um *documento* escrito diz respeito às regras inerentes à língua adotada pela cultura (neste caso, língua portuguesa). Essas regras, em seu conjunto, formam aquilo que é comumente chamado de *mecânica da leitura*. No caso da língua portuguesa, o leitor lê da esquerda para a direita, de cima para baixo, obedecendo a sinais de pontuação, sintaxe, *layout* da página, organização das palavras em sentenças e parágrafos etc... Num nível mais superficial, é o conhecimento dessas regras que permite ao leitor penetrar nos horizontes possíveis do documento.

Porém essa atividade mecânica, ainda que necessária, não é suficiente para explicar o fenômeno da leitura. O leitor executa os atos mecânicos de leitura (fixações, pausas, retornos visuais etc...) na suposição de que o que está sendo e o que vai ser lido necessariamente possui significado. Essa significação somente pode ser atribuída quando o leitor colocar em prática uma ação reflexiva sobre as palavras que compõem o documento.

Exemplificando: sem uma suposição ou expectativa de que estas linhas impressas estão abertas a uma atribuição de significados, não há possibilidade de continuar os atos mecânicos da leitura. É exatamente essa expectativa que permite à consciência dirigir-se do início ao fim da leitura; que permite, ainda, a reflexão sobre o documento, pelo leitor, de modo que ele chegue a desvelar a estrutura de significado nele contido.

Todo texto apresenta uma *unidade possível de significado. Possível* porque depende da *experiência* prévia do leitor que o confronta. Assim, qualquer significado que seja atribuído ao texto, independentemente de quão ambíguo ou provisório, é significado "adequado", isto é, que vai ao encontro das expectativas de um leitor específico. Por outro lado, as formas através das quais as *partes* do texto se ajustam, se combinam (depois de *experienciadas* por um leitor) apontam para a unidade de significado, que *é* o texto. Como consequência dessa possível adequação, determinada pela expectativa do leitor, o ato de ler parece movimentar-se através de uma lei da Gestält (a da boa continuidade ou de completamento): cada parte experienciada pelo leitor é coerente e se insere com outras partes do texto. Essa inserção é a própria relação de relevância estabelecida pelo leitor durante a atividade da leitura — sem ela, ele dificilmente conseguirá perceber a unidade de significado subjacente ao texto.

É fácil verificar, então, que a relevância se localiza *entre* os temas experienciados, confrontados pelo leitor durante a penetração nos horizontes do texto. Durante a leitura de um documento, o leitor pode, por exemplo, *meditar* sobre um determinado horizonte, ou seja, pode verificar qual é ou foi a configuração de uma determinada relevância. Nesse sentido, a atribuição de significado é feita retrospectiva ou prospectivamente: olhando *para trás e para a frente.* No trajeto da leitura, o leitor decide quais são os significados específicos intencionados pelo texto a fim de configurar a sua unidade e a sua coerência.

Enquanto a unidade do texto ou estrutura subjacente de significados evidencia-se como uma possibilidade, a unidade do documento ou o conjunto de signos que habitam as páginas é real e concreta. Isto é: o texto é sempre uma função do passado experiencial e da intenção do leitor durante a fase de atribuição de significados: o documento, por exigir um sistema de signos para a sua expressão, pressupõe elementos de consistência e ordenação para ser comunicável. Assim, deve-se pressupor que os signos sempre se *ajustam*, mesmo quando expressam textos incoerentes.

Exemplificando: para o leitor atingir o significado do texto, ele terá de ler as partes relevantes do documento veiculado através de um sistema verbal (língua portuguesa). É baseado na autoridade de uma suposta unidade do documento que o leitor pode afirmar que todos os signos que habitam as páginas são interpretacionalmente relevantes aos possíveis horizontes do texto. É exatamente isso que faz o leitor executar o ato mecânico de virar, por exemplo, as páginas deste trabalho, na pressuposição de que a página seguinte se encaixa na unidade do documento, o que, por conseguinte, fornece-lhe os índices para a compreensão do texto. Assim, unidade do texto e unidade do documento estão intimamente interligadas, uma pressupõe a outra — elas são interdependentes.

O ato de ler

As reflexões feitas até agora já permitem configurar um paradigma *humano* para o ato de ler. O paradigma destaca e cristaliza os elementos que, no percurso do inquérito, mostraram ser relevantes para a elaboração de uma estrutura para o ato de ler.

Cabe destacar que o paradigma procura retratar, inclusive — e esquematicamente —, a natureza da leitura, ou seja, o que ocorre quando um sujeito estabelece um projeto de ler um documento escrito e a resultante desse projeto. Os relacionamentos entre os elementos do paradigma são feitos em função daquilo que o inquiridor conseguiu manifestar quando da sua penetração nos horizontes da Hermenêutica, Comunicação e Psicologia.

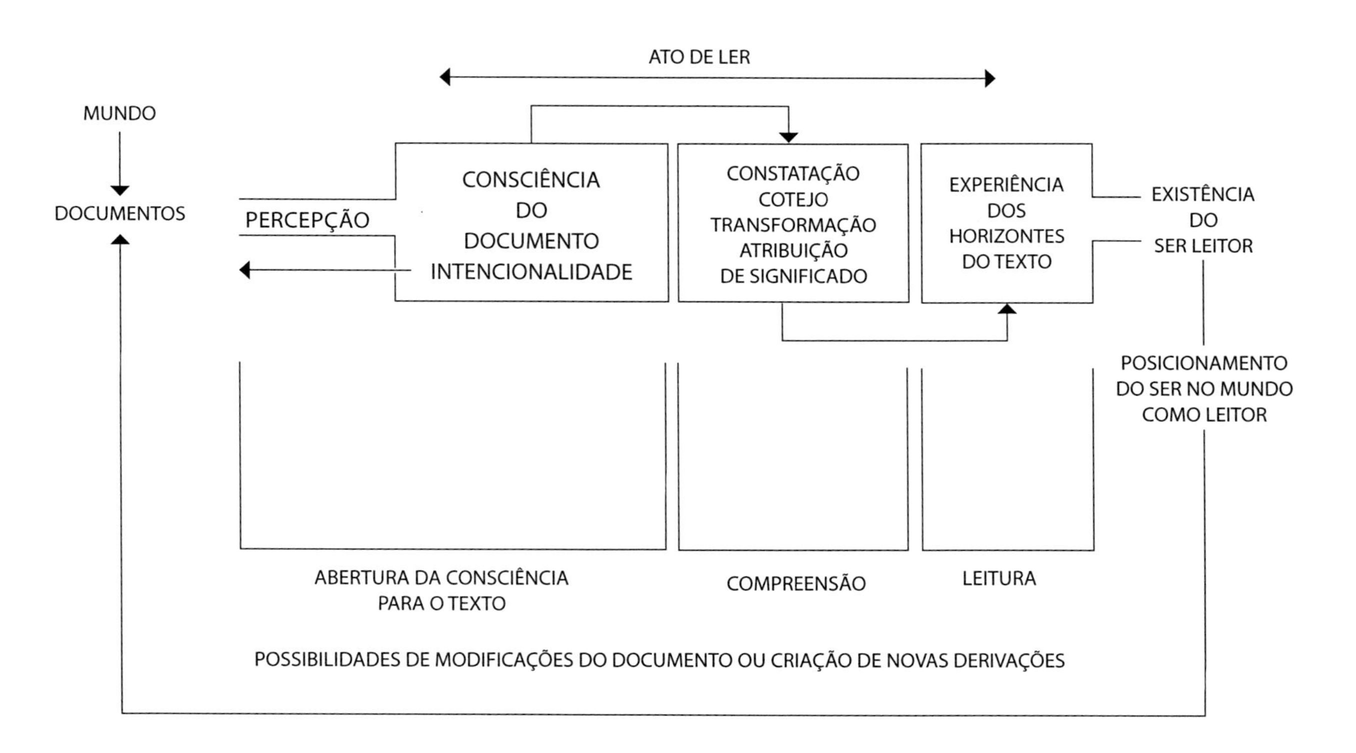
ATO DE LER
MUNDO
DOCUMENTOS
PERCEPÇÃO
CONSCIÊNCIA
DO
DOCUMENTO
INTENCIONALIDADE
CONSTATAÇÃO
COTEJO
TRANSFORMAÇÃO
ATRIBUIÇÃO
DE SIGNIFICADO
EXPERIÊNCIA
DOS
HORIZONTES
DO TEXTO
EXISTÊNCIA
DO
SER LEITOR
POSICIONAMENTO
DO SER NO MUNDO
COMO LEITOR
ABERTURA DA CONSCIÊNCIA
PARA O TEXTO
COMPREENSÃO
LEITURA
POSSIBILIDADES DE MODIFICAÇÕES DO DOCUMENTO OU CRIAÇÃO DE NOVAS DERIVAÇÕES

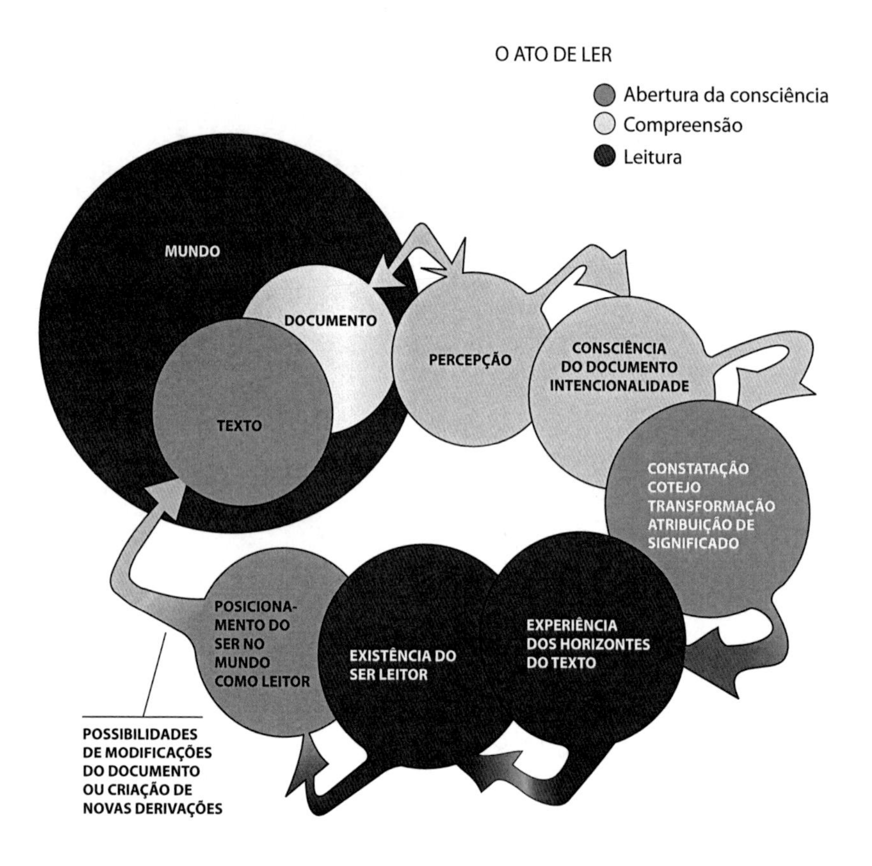

Como qualquer texto é uma *possibilidade*, a leitura do paradigma que se segue também deve ser feita em termos de uma *estrutura possível*, isto é, não final e aberta a críticas e transformações.

Descrição

Antes de enumerar e relacionar os aspectos significativos do fenômeno da leitura, como expressos nos limites do paradigma proposto, destacam-se, a título de ênfase e revisão, alguns pressupostos subjacentes à investigação efetuada. Em verdade, esses pressupostos já foram explicitados, de forma mais detalhada, em reflexões anteriores; eles são aqui reelaborados, mais sistematicamente, a fim de servir como suporte aos conceitos "entrelaçados" na descrição do paradigma.

1. O Homem, na inacabável busca de sua existência, deve situar-se com outros seres humanos nos diferentes horizontes da cultura.
2. O situar-se do Homem no mundo somente é possível de ser realizado através de linguagens específicas, que fazem circular o sentido.
3. Essas linguagens expressam significados, produtos culturais e históricos, gerando Comunicação. Então, para participar da História e da Cultura, o Homem deve compreender os significados através das linguagens presentes na cultura.
5. O Ato de Ler é uma necessidade concreta para a aquisição de significados e, consequentemente, de experiência nas sociedades onde a escrita se faz presente.

O ato de ler inicia-se quando um sujeito, através da sua percepção, toma consciência de documentos escritos existentes no mundo. Ao buscar a intencionalidade, o sujeito abre-se para possibilidades de significação, para as proposições de mundo que os signos do documento evocam ou sugerem.

Ao buscar a compreensão do texto, a partir das referências sugeridas pelos signos impressos que compõem o documento, o sujeito executa as atividades de constatação, cotejo e transformação. Na constatação, o sujeito situa-se nos horizontes da mensagem, destacando e enumerando as possibilidades de significação; no cotejo, o sujeito interpreta os significados atribuídos; na transformação, o sujeito responde aos horizontes evidenciados, reelaborando-os em termos de novas possibilidades.

A *leitura* se manifesta, então, como a experiência resultante do trajeto seguido pela consciência do sujeito em seu projeto de desvelamento do texto. É essa mesma experiência (ou vivência dos horizontes desvelados através do texto) que vai permitir a emergência do *ser leitor*. Por sua vez, os novos significados apreendidos na experiência do leitor fazem com que este se posicione em relação ao documento lido, o que pode gerar possibilidades de modificação do texto evidenciado através do documento, ou seja, a incrementação dos seus significados.

Conclusões

Na circunspeção deste inquérito, procuramos evidenciar uma estrutura possível para a atividade de leitura. Pelo que foi explicitado, notamos que o ato de ler é complexo, distanciando-se em muito de caracterizações reducionistas.

A leitura não pode ser confundida com decodificação de sinais, com reprodução mecânica de informações ou com respostas convergentes a estímulos escritos pré-elaborados. Esta confusão nada mais faz do que decretar a morte do leitor, transformando-o num consumidor passivo de mensagens não significativas e irrelevantes. *Será que esta confusão ainda não está presente na maioria das escolas brasileiras?*

O ato de ler, como tematizado neste trabalho, sempre envolve apreensão, apropriação e transformação de significados, a partir de um documento escrito. Leitura sem compreensão e sem recriação do significado é pseudoleitura, é um empreendimento meramente ôntico. *Será que as escolas brasileiras propõem leituras que levam à compreensão e re-criação?*

Enquanto um projeto de busca de significados, a leitura deve ser geradora de novas experiências para o indivíduo. Na ótica da Psicologia Ontológica, o ato de ler sempre pressupõe um enriquecimento do leitor através do desvelamento de novas possibilidades de existência. *Será que nossas escolas propõem a leitura como processo ou como projeto?*

A leitura, se empreendida segundo os parâmetros deste trabalho, vem facilitar o surgimento da reflexão e da tomada de posição. "Reflexão" significa a apropriação do nosso ato de existir, através de uma crítica aplicada às obras escritas. "Tomada de posição" significa o confronto dos significados desvelados e a participação na busca da verdade. Por isso mesmo, a leitura deve ser colocada como um instrumento de participação e renovação cultural. *Será que as escolas possibilitam a reflexão e a tomada de posição, despertadas pelo ato de ler?*

As questões aqui colocadas abrem caminho para a formulação de uma *nova Pedagogia da Leitura*, a ser pensada por todos aqueles que estão envolvidos com a educação brasileira. Os elementos dessa nova Pedagogia devem ser trabalhados em função de uma Psicologia da Leitura que fale do Homem na sua manifestação como leitor. O discurso sobre a leitura tem de continuar: devemos pensar na reconstituição da fecundidade da leitura!

Finalmente, lembramos que as crianças nunca chegam à escola num estado de ignorância, mas podem chegar analfabetas. Elas talvez não saiam analfabetas, mas podem sair ignorantes...

Bibliografia

ALMEIDA, Milton José de. Educação e mercado editorial. *Educação & Sociedade.* Campinas: Cortez, Cedes, n. 1, p. 185-187, set. 1978.

ARRUDÃO, Mathias. Geração de mudos. *Jornal da Tarde*, p. 4, 13/2/1975.

BARRETT, Thomas C. Taxonomy of cognitive and affective dimensions of reading comprehension. In: ROBINSON, Helen M. (ed.). *Innovation and change in reading instruction.* Chicago: The National Society for the Study of Education, 1968. p. 19-23.

BORING, Edwin G. *A history of experimental psychology.* 2. ed. New York: Appleton-Century-Crofts, Inc., 1950.

BOSI, Ecléa. *Cultura de massa e cultura popular*: leituras operárias. 3. ed. Petrópolis: Vozes, 1977.

BRASIL, Conselho Federal de Educação. Resolução n. 247, de 17 de maio de 1975.

BUBER, Martin. *Eu e tu.* Trad. por Newton Aquiles von Zuben. São Paulo: Cortez e Moraes, 1977.

BUSH, Robert N. Educational research and development: the next decade. *Occasional Paper*, California: Stanford Center for Research and Development in Teaching, n. 11, June 1976.

CHERRY, Colin. *A comunicação humana*. 2. ed. Trad. por José Paulo Paes. São Paulo: Cultrix e Edusp, 1974.

CIVITA, Victor (ed.). Saussure, Hjelmslev, Jakobson, Chomsky. *Textos selecionados*. São Paulo: Abril Cultural, 1975. (Col. Os Pensadores, v. XLIX.)

CORETH, Emerich. *Questões fundamentais de hermenêutica.* Trad. por Carlos Lopes de Mattos. São Paulo: EPU e Edusp, 1973.

DUARTE, Sérgio Guerra. *Por que existem analfabetos no Brasil?* Rio de Janeiro: Civilização Brasileira, 1963.

FARR, Roger. *Reading*: what can be measured? Delaware: International Reading Association, 1969.

FERREIRA, Lívia. *A convivência com os textos.* Assis: Faculdade de Ciências e Letras, 1970.

FOUCAULT, Michel. *As palavras e as coisas.* Trad. por Antonio Ramos Rosa. São Paulo: Livraria Martins Fontes Editora, 1966.

FREIRE, Paulo. *Educação como prática da liberdade.* 4. ed. Rio de Janeiro: Paz e Terra, 1974.

______. *Extensão ou comunicação*. 2. ed. Trad. por Rosisca Darcy de Oliveira. Rio de Janeiro: Paz e Terra, 1975.

______. *Uma educação para a liberdade.* Trad. por José Reis e Fátima Silva. Porto: Gráfica Firmeza, 1974. (Textos Marginais, n. 8.)

FROMM, Erich. To have or to be? Planned and Organized by Ruth Nanda Anshen. *World Perspectives*, v. 50. New York: Harper & Row, 1976.

GADOTTI, Moacir. *Comunicação docente.* São Paulo: Loyola, 1975.

GARCIA, Walter Esteves (ed.). *Educação brasileira contemporânea*: organização e funcionamento. São Paulo: MacGraw-Hill do Brasil, 1976.

GOODMAN, Kenneth S. Reading: a psycholinguistic guessing game. *The Journal of the Reading Specialist*, May 1967, p. 20-33.

GOODMAN, Kenneth S.; FLEMING, James T. (eds.). *Psycholinguistics and the teaching of reading.* Delaware: International Reading Association, 1972.

GOUVEIA, Aparecida Joly. A pesquisa educacional no Brasil. *Cadernos de Pesquisa.* São Paulo: Fundação Carlos Chagas, n. 1, dez. 1971.

______. A pesquisa sobre educação no Brasil: de 1970 para cá. *Cadernos de Pesquisa.* São Paulo: Fundação Carlos Chagas, n. 19, p. 75-80, dez. 1976.

GRAY, William S. The major aspects of reading. In: ROBINSON, Helen M. (ed.). Sequential Development of Reading Abilities. *Supplementary Educational Monographs.* Chicago: University of Chicago Press, n. 90, p. 8-24, 1960.

GUIRAUD, Pierre. *A semântica.* Traduzido e adaptado por Maria Elisa Mascarenhas. São Paulo: Difusão Europeia do Livro, 1972.

GURWITSCH, A. *The field of consciousness.* Pittisburg: Duquesne University Press, 1964.

GUSDORF, Georges. *A fala.* Trad. por Tito de Avilez. Rio de Janeiro: Editora Rio, 1977.

HAYAKAWA, A. I. (ed.). *The use and misuse of language.* Greenwich: Fawcett Publications, 1962.

HEIDEGGER, Martin. *Being and time.* Translated by John Macquarrie and Edward Robinson. New York: Harper & Row, 1962.

______. *Que é metafísica?* Trad. por Ernildo Stein. São Paulo: Livraria Duas Cidades, 1969.

HOLMES, Jack A. Factors underlying major reading desabilites. *Genetic Psychology Monographs*, XLIX, p. 3-95, January-June, 1954.

HUSSERL, Edmund. *Recherches Logiques.* Trad. do alemão por Hurbert Elie, Arion Kelkel e Renê Scherer. Paris: Presses Universitaires de France, 1969.

KOHLER, Wolfgang. *Psicologia da Gestalt.* Trad. por David Jardim. Belo Horizonte: Editora Itatiaia, 1968.

LINS, Osman. *Do ideal e da glória*: problemas inculturais brasileiros. São Paulo: Summus Editorial, 1977.

LISBOA, Luis Carlos. *Olhos de ver*: ouvidos de ouvir. Rio de Janeiro: Difel, 1977.

LUIJPEN. W. *Introdução à fenomenologia existencial.* Trad. por Carlos Lopes de Mattos. São Paulo: EPU e Edusp, 1973.

MARCUSCHI, Luiz Antonio. *Linguagem e classes sociais.* Porto Alegre: Editora Movimento, 1975.

MEDINA, Carlos Alberto; ALMEIDA, M. L. Rodrigues de. *Hábitos de leitura*: uma abordagem sociológica, pesquisa não publicada. Rio de Janeiro: Centro Latino-Americano em Ciências Sociais, 1977.

MERLEAU-PONTY, Maurice. *O visível e o invisível.* Trad. por José Artur Gianotti e Armando Mora d'Oliveira. São Paulo: Perspectiva, 1971.

______. *Phénoménologie de la perception.* France: Éditions Gallimard, 1972.

______. *Sinais.* Trad. por Fernando Gil. Lisboa: Editorial Minotauro, 1962.

MIALARET, Gaston. *El aprendizaje de la lectura.* Madrid: Ediciones Marova, 1972.

MIRANDA, Fátima; CARRARI, Maria Stela. Os inimigos da leitura. *Revista Escrita.* São Paulo: Vertente Editora, ano III, n. 26, p. 31-35.

NASSIF, Luís Alberto de Lima. *O conceito de ciências veiculado por materiais didáticos.* Tese (Mestrado não publicada) — Pontifícia Universidade Católica. São Paulo, 1976.

NERI, Guido David. *Práxis y conocimento. Marxismo y fenomenología.* Versão espanhola Marciano Sadornil. Caracas: Editorial Tiempo Nuevo, 1970.

OLDFIELD, R. C.; MARSHALL, J. C. (ed.). *Language.* Middlesex: Penguin Books, 1968.

PEI, Mario. *The history of language.* 7. ed. New York: New American Library, 1966.

PEIRCE, Charles Sanders. *Semiótica e Filosofia.* 2. ed. Trad. e organizado por Octanny Silveira da Mota e Leonidas Hegenberg. São Paulo: Cultrix e EPU, 1975.

PIGNATARI, Décio. *Informação. Linguagem. Comunicação.* 10. ed. São Paulo: Perspectiva, 1976.

REZENDE, Antonio Muniz de. *Fundamentos filosóficos da educação.* Apostila não publicada. Campinas: FE-Unicamp, 1978.

______ (ed.). *Iniciação teórica e prática às ciências da educação.* Petrópolis: Vozes, 1979.

RICOEUR, Paul. *O conflito das interpretações.* Trad. por Hilton Japiassu. Rio de Janeiro: Imago Editora, 1978.

______. *Interpretação e ideologias.* Trad. e org. por Hilton Japiassu. Rio de Janeiro: Livraria Francisco Alves, 1977.

ROBINSON, Helen M. The major aspects of reading, Reading: seventy-five years of progress. *Supplementary Educational Monographs,* Chicago: University of Chicago Press, n. 96, 1966.

ROCHA E SILVA, Elza Miné da. et al. *Levantamento dos problemas de redação e leitura dos alunos do Curso Básico da PUC-SP.* Pesquisa não publicada. São Paulo: Pontifícia Universidade Católica, 1975.

SAFADY, Naïef. *Introdução à análise do texto.* 3. ed. Rio de Janeiro: Livraria Francisco Alves, 1968.

SAMPAIO, Roosevelt. *A violência e o sexo nos meios de comunicação de massa.* Tese (Livre-docência não publicada) — Universidade Santa Úrsula, Rio de Janeiro, 1978.

SCHRAMM, Wilbur. *Men, messages and media*: a look at human communication, New York: Harper & Row, 1973.

SCHUTZ, Alfred. Fenomenologia e relações sociais. In: WAGNER, Helmut R. (ed.). *Textos escolhidos de Alfred Schutz*. Trad. por Angela Melin. Rio de Janeiro: Zahar, 1979.

SILVA, Ezequiel Theodoro da. *Os (des)caminhos da escola*: traumatismos educacionais. São Paulo: Cortez e Moraes, 1979.

______. *Levantamento das condições bibliotecárias das escolas do município de Campinas.* [Trabalho não publicado.] Campinas: FE-Unicamp, 1978.

SILVA, Ezequiel Theodoro da; MAHER, James Patrick. Leitura: uma estratégia de sobrevivência. *Revista Ciência e Cultura*. São Paulo: SBPC, v. 30, n. 12, p. 1431-1435, dez. 1978.

______. O Enigma da Leitura no Brasil: afinal quando começaremos a desvendá-lo?, *Cadernos de Pesquisa.* São Paulo: Fundação Carlos Chagas, n. 26, p. 89-91, set. 1978.

SINGER, Harry; RUDDEL, Robert B. (eds.). *Theoretical Models and processes of reading.* Delaware: International Reading Association, 1970.

SIQUEIRA, Ethevaldo. Na televisão, todas as noites, uma receita para não pensar. *O Estado de S. Paulo*, p. 26, 15/5/1977.

SMITH, Donald E. P.; CARRIGAN, Patrícia M. *The nature of reading disability.* New York: Harcourt, Brace & Co., 1959.

SMITH, Helen K. Needed research in high school and college. *The Journal of Reading.* Delaware: International Reading Association. December 1978, p. 203-205.

SMITH, Henry P.; DECHANT, Emerald P. *Psychology in teaching reading.* New Jersey: Prentice-Hall, Inc., 1961.

SODRÉ, Nelson Werneck. *Síntese de história da cultura brasileira.* 6. ed. Rio de Janeiro: Civilização Brasileira, 1978.

SPACHE, George D. *Toward better reading.* Garrad Publishing Co., 1963.

SPIEGEL BERG, Herbert. *The phenomenical movement*: a historical introduction. Netherlands: Martinus Nijhoff, 1971.

STRANG, Ruth. *Reading diagnosis and remediation.* Delaware: International Reading Association, 1971.

THOMPSON, Brenda. *Learning to read.* London: Sidgwick & Jackson, 1972.

RENOVA
GRAF
www.renovagraf.com.br